AF471440

PAUL HERVIEU

Les Paroles restent

COMÉDIE DRAMATIQUE

Représentée pour la première fois à Paris, au théâtre du Vaudeville, le 17 novembre 1892

PARIS
ALPHONSE LEMERRE, ÉDITEUR
23-31, PASSAGE CHOISEUL, 23-31

M DCCC XCIII

Les Paroles restent

DU MÊME AUTEUR

Diogène-le-Chien . . . . 1 vol.
La Bêtise parisienne . . . . 1 vol.
L'Alpe homicide . . . . 1 vol.
Les Yeux verts et les Yeux bleus . . . . 1 vol.
L'Inconnu . . . . 1 vol.
Deux Plaisanteries . . . . 1 vol.
Flirt . . . . 1 vol.
L'Exorcisée . . . . 1 vol.
Peints par eux-mêmes . . . . 1 vol.

EN PRÉPARATION

Ivraie humaine, roman . . . . 1 vol.

PAUL HERVIEU

Les Paroles restent

COMÉDIE DRAMATIQUE

Représentée pour la première fois à Paris, au théâtre du Vaudeville,
le 17 novembre 1892

PARIS
ALPHONSE LEMERRE, ÉDITEUR
23-31, PASSAGE CHOISEUL, 23-31
M DCCC XCIII

Au maître artiste et paternel ami

ALPHONSE DAUDET

Hommage d'admiration et d'affection.

P. H.

1

PERSONNAGES

LE MARQUIS DE NOHAN, officier démissionnaire, trente-quatre ans.	MM.	PIERRE BERTON
LE COMMANDANT COMTE DE LIGUEIL, quarante-deux ans		CANDÉ
LE BARON MISSEN, secrétaire de la légation des Pays-Bas, trente-trois ans. .		VALBEL
LE DOCTEUR DUBOIS DU CHER, soixante ans.		LAGRANGE
HERMANN, jeune snob, vingt-cinq ans.		P. ACHARD
SAINT-CHEF, autre jeune snob, vingt-cinq ans.		BERNY
BERNARD, ordonnance du commandant.		GODEFROY
UN DOMESTIQUE		DEBELLOCQ
RÉGINE DE VESLES, vingt-cinq ans.	Mlles	MARTHE BRANDÈS
MADAME DE MAUDRE, trente ans.		VERNEUIL
COMTESSE DE LIGUEIL, trente-quatre ans		SANLAVILLE
MADAME DE SABÉCOURT, trente ans.		NORY
LADY BRISTOL, trente ans.		AVRIL

La scène se passe à Paris, de nos jours

ACTE PREMIER

C'est la fin d'une soirée dans l'hôtel des Sabécourt. La scène représente un petit salon, où sont disposées des tables de jeux. Au fond, deux baies donnent sur une large galerie. A droite, une porte de sortie.

SCÈNE PREMIÈRE

LE DOCTEUR, HERMANN, SAINT-CHEF.

Au lever du rideau, le Docteur et Hermann achèvent une partie d'écarté. Saint-Chef, à cheval sur une chaise derrière Hermann, en examine les cartes.

HERMANN, *perplexe.*

Je ne sais pas du tout quoi jouer... Saint-Chef, donne-moi donc ton avis.

SAINT-CHEF, *désignant une carte de l'index.*

Moi, j'attaquerais ici, à droite.

HERMANN.

Tu crois?... tu crois?... Tant pis, j'essaye par la gauche. *(Il joue.)*

SAINT-CHEF, *avec un geste de philosophie.*

C'est en cela que les conseils sont bons : ils fixent, tout de suite, ce dont on n'a plus qu'à faire le contraire.

LE DOCTEUR.

Je prends. *(Abattant son jeu.)* Et quatre atouts.

HERMANN.

Je n'ai jamais vu de veine pareille!... Ce n'est pas possible, docteur, il faut que vous trichiez!

LE DOCTEUR.

Ah! jeune Hermann, comme vous parlez inconsidérément!... Si je trichais, pourtant?... Voyez combien ce que vous dites, sans intention désobligeante, deviendrait tout de suite... blessant... de mauvaise compagnie!...

SAINT-CHEF, *ayant jeté un coup d'œil vers le fond.*

Aïe! Madame de Sabécourt!

SCÈNE II

LES MÊMES, MADAME DE SABÉCOURT.

MADAME DE SABÉCOURT, *indignée.*

Comment, des jeunes gens assis!... qui se cachent!... Mais cette salle de retraite n'a été fondée que pour les personnes infirmes, ou âgées, ou ayant des enfants à la danse... Et vous, docteur, qui ne craignez pas de démoraliser ces âmes naïves!

LE DOCTEUR, *empochant son bénéfice.*

Au contraire, madame... Je les dégoûtais des jeux de hasard.

MADAME DE SABÉCOURT, *suppliante.*

Un dernier quadrille, et je ne vous demande plus rien.

HERMANN, *taquin.*

Vous venez encore nous proposer les filles géantes de votre général. Merci! Il faut faire des enjambées!... Et puis se tordre le cou pour leur parler, tout là-haut!

SAINT-CHEF.

Oui, la fois où j'ai dû m'exécuter, il me semblait que e suivais, à pied, une amazone.

SCÈNE III

LES MÊMES, MADAME DE MAUDRE, LADY BRISTOL.

MADAME DE SABÉCOURT, *allant vers les deux femmes.*

Madame de Maudre, j'espère bien que vous ne songez pas encore à vous retirer ?

MADAME DE MAUDRE.

Non, vous êtes ma seule soirée de ce soir.

MADAME DE SABÉCOURT.

Vous non plus, n'est-ce pas, milady ?

LADY BRISTOL, *s'éventant.*

Nous cherchions un peu de fraîcheur.

MADAME DE SABÉCOURT.

Comprenez-vous que les trois quarts de mon monde soient déjà partis, avant une heure du matin !

HERMANN.

C'est un peu votre faute.

MADAME DE SABÉCOURT, *avec surprise.*

Ma faute ?

HERMANN.

Oh! chère madame, je rends la plus complète justice à la grâce personnelle de votre accueil et à la parfaite organisation de vos fêtes. Fleurs, lumière, musique, buffet de premier ordre, jolies femmes en satin, en soie, en velours, en mousseline, en peau surtout! C'est ici le paradis des cinq sens.

MADAME DE SABÉCOURT, *souriant.*

Alors que me reprochez-vous?

HERMANN, *gravement.*

Peut-être de négliger les aspirations morales de vos hôtes...

MADAME DE SABÉCOURT, *interrogeant successivement chaque assistant du regard.*

Comprenez-vous ce que cela signifie?

HERMANN, *de même.*

Voyons : vous invitez Mme de Beauloir, et vous n'invitez pas M. d'Allivrain.

MADAME DE SABÉCOURT.

Oh! le mauvais plaisant!

MADAME DE MAUDRE.

A propos, qu'est-ce que devient son scandale à M. d'Allivrain?

SAINT-CHEF.

D'abord, il y en a deux... scandales!

MADAME DE MAUDRE.

Ah! vraiment? Moi, je ne connais que celui qu'il est impossible de raconter devant les dames.

Mme de Maudre se fait raconter tout bas la seconde histoire par Saint-Chef.

HERMANN, *ouvrant une comptabilité sur ses doigts.*

Vous négligez d'avoir Mme Oblomoff pour Erik Effendi. Vous recevez la duchesse de Privas et vous fermez votre porte au gros Silbermayer. Vous...

MADAME DE SABÉCOURT, *l'arrêtant.*

Pardon. Je donne à dîner, à danser. Je ne donne pas... à aimer.

HERMANN.

C'est pourtant ce qu'on a trouvé de mieux pour retenir ses amis.

LE DOCTEUR.

Sur le pied de trois personnes par ménage.

SAINT-CHEF.

Ou même de quatre.

LADY BRISTOL, *sentencieusement.*

Oui, il y a tant de maris qui sont trompeurs!

MADAME DE MAUDRE, *montrant deux personnes qu'elle voit venir du fond.*

Quoi qu'en dise Mme de Sabécourt, elle a eu bien soin de réunir le baron Missen avec la belle Régine de Vesles.

MADAME DE SABÉCOURT, *avec l'intonation câline d'une bonté infinie.*

Oh! vous êtes méchante!

Régine entre par une baie, au bras du baron Missen, et ce couple se croise avec la comtesse de Ligueil, au moment de ressortir par l'autre baie.

SCÈNE IV

LES MÊMES, RÉGINE, BARON MISSEN, COMTESSE DE LIGUEIL.

LA COMTESSE DE LIGUEIL.

Je vous en prie, Régine, que ce soit la dernière fois que vous dansez. Faites comme moi : reposez-vous avant de partir dans le froid.

RÉGINE.

Oui, ma petite cousine.

MADAME DE MAUDRE, *à Régine.*

Il paraît, mademoiselle, que vous achevez pour le prochain Salon une Diane chasseresse?

BARON MISSEN.

Qui est une merveille.

MADAME DE MAUDRE.

Je me doutais bien, monsieur, que vous étiez parmi les privilégiés qui ont déjà pu admirer cette œuvre... On m'a dit qu'elle était magistrale... mais que la déesse s'y montrait bien... nue.

RÉGINE.

Oh ! non, madame, pas tout à fait... La tunique monte... *(posant le tranchant de la main sur la gorge décolletée de Mme de Maudre, à quelques centimètres au-dessus du corsage)* jusque-là.

Régine et le baron Missen sortent.

SCÈNE V

LES MÊMES, *moins* RÉGINE *et le* BARON MISSEN.

LE DOCTEUR, *à la comtesse de Ligueil.*

Le comte de Ligueil vous a donc laissée seule, ce soir? Cela ne devrait pas être dans un jeune ménage.

LA COMTESSE DE LIGUEIL.

D'abord mon mari n'est pas un jeune homme.

LE DOCTEUR.

L'âge d'un ménage est toujours celui que la femme y a.

LA COMTESSE DE LIGUEIL.

M. de Ligueil va venir nous chercher... Mais il me semble s'attarder un peu à son club.

HERMANN.

C'est signe qu'il gagne.

SAINT-CHEF, *après réflexion.*

Ou qu'il perd.

MADAME DE SABÉCOURT.

J'ai envie d'envoyer mon mari vous renvoyer le vôtre. Ça le mettrait de bonne humeur... *(à part)* le mien.

Mme de Sabécourt et la comtesse de Ligueil sortent.

SCÈNE VI

LE DOCTEUR, HERMANN, SAINT-CHEF, LADY BRISTOL, MADAME DE MAUDRE.

SAINT-CHEF.

Pourquoi Missen n'épouse-t-il pas Mlle de Vesles, puisqu'ils sont si bien ensemble?

HERMANN.

C'est si embêtant de se marier!

MADAME DE MAUDRE, *avec un ton perfide d'insinuation.*

Surtout lorsque la nécessité ne s'en fait pas particulièrement sentir.

LADY BRISTOL.

Excusez mon ignorance. Il y a si peu de temps que je suis à Paris, et j'ai déjà écouté tant d'histoires que j'en oublie, ou que je m'embrouille avec les... correspondants, comme nous disons à Londres. Existe-t-il donc un flirt entre ces deux jeunes gens?

MADAME DE MAUDRE.

On prétend qu'il y aurait mieux.

LADY BRISTOL.

Mieux que du flirt!... Mais alors?... A moins que vous n'ayez, en France, quelque chose... d'intermédiaire entre le flirt... et ce qui est... mieux?...

HERMANN.

Non.

SAINT-CHEF.

Non.

MADAME DE MAUDRE.

Non, non.

LE DOCTEUR, *à Mme de Maudre.*

Oh ! madame, songez donc : une jeune fille !

MADAME DE MAUDRE.

Une jeune fille !... Voilà une expression bien vite énoncée !... Savez-vous seulement ce que c'est qu'une jeune fille ?

LE DOCTEUR.

J'en connais, j'en soigne... j'en ai même disséqué.

MADAME DE MAUDRE.

Eh bien, moi qui l'ai été, jeune fille, je n'ai, moi-même, qu'un sentiment vague, qu'un souvenir hésitant de ce que l'on est dans cet état fragile de confiance et de timidité, de mystère pour soi-même. Mais, du moins, j'ai bien conscience que j'étais pareille à mes sœurs, à mes cousines, à toutes les autres enfin !... Tandis que Mlle de Vesles...

LE DOCTEUR.

Vous ne l'aimez pas ?

MADAME DE MAUDRE, *nerveusement.*

Elle m'est bien indifférente. Et pourtant je suis un peu agacée quand j'entends assimiler à une ingénue cette grande personne de vingt-cinq ans, qui peint des nudités... comme un rapin, qui sort seule, et qui est libre avec les hommes... Oh ! mais libre !... comme une femme mariée !

LADY BRISTOL.

Dans quelles circonstances a-t-elle pu se lier ainsi avec le baron Missen ?

SAINT-CHEF.

Il ne me plaît pas, ce Hollandais ; il est poseur, antipathique...

MADAME DE MAUDRE.

Aux hommes. C'est justement ce type-là qui est le plus sympathique aux femmes.

HERMANN, *répondant à lady Bristol.*

Le père de Mlle de Vesles, lorsqu'il mourut, il y a deux ans, était ministre de France en Roumélie, où Missen était secrétaire de la légation de son pays.

MADAME DE MAUDRE.

C'est-à-dire que M. de Vesles est mort précisément au moment où son rappel venait de lui être signifié. Mort de chagrin, peut-être ? Surtout si sa disgrâce a été motivée, comme c'est vraisemblable, par la mauvaise tenue de sa fille.

SAINT-CHEF.

Et Missen a trouvé le moyen de se faire nommer à Paris peu de temps après que Mlle de Vesles y a été revenue.

LADY BRISTOL.

Vous êtes tous très au courant.

LE DOCTEUR.

Non pas! Moi je suis très incrédule en ces matières; car l'opinion ne peut jamais se fonder que sur des apparences souvent bien fausses.

LADY BRISTOL.

C'est vrai. Quelquefois, pour soi-même, Dieu sait si, la tête sur le billot ..

HERMANN, *avec une chaleur d'approbation ironique.*

On jurerait que ce n'est pas vrai!

LADY BRISTOL.

Et l'on sent pourtant que s'il y avait là, pour vous surprendre, quelqu'un qui vous en voudrait... Aussi, quand mon mari me raconte une affaire de ce genre, je lui dis toujours que l'on ne doit croire que ce que l'on a vu... *(férocement)* que ce qui lui aurait crevé les yeux.

LE DOCTEUR.

En tout cas, faut-il, au moins, citer des faits!

MADAME DE MAUDRE.

Oh! vous me provoquez à vous en apprendre plus que je n'aurais voulu... Voyons : supposez que grâce à la situation de vos fenêtres, et dans les hasards de l'insomnie, vous ayez vu le baron Missen — à plusieurs reprises, et toujours entre minuit et deux heures du matin — opérer son entrée ou sa sortie de la maison habitée à Andrinople uniquement par Mlle de Vesles et son père?... Et si, une fois, vous aviez parfaitement distingué que le jeune homme, au départ, baisait une main qui allait, derrière lui, refermer la porte, mystérieusement, tout doucement... Auriez-vous été édifié?

LE DOCTEUR.

Qui a constaté cela? Qui a rapporté de là-bas cette aventure parmi vous?

MADAME DE MAUDRE.

Un Parisien dont la parole fait foi pour tous... Un des nôtres, un officier qu'une mission promenait alors en Orient...

HERMANN.

Et qui a l'air aujourd'hui bien au regret d'avoir eu jadis la langue aussi longue.

MADAME DE MAUDRE, *haineusement.*

Ah! vous l'avez remarqué aussi?

LADY BRISTOL.

A la fin, dites, qui est-ce?

MADAME DE MAUDRE.

Soit! C'est le marquis de Nohan... Et l'autorité d'un pareil témoin aura sans doute influencé un très ancien ami de M. de Vesles qui, l'année dernière, avait demandé l'orpheline en mariage. Car ce vieux prétendant, instruit des bruits qui couraient, s'est désisté quelques semaines avant la date de la cérémonie.

SAINT-CHEF.

Et il s'agissait là d'une fortune énorme !

HERMANN.

Pas précisément. Une fortune énorme, au temps où nous vivons, c'est une fortune d'ancien roi, un trésor d'État. On ne peut plus faire un pas dans le monde sans entendre parler de gens qui ont trente ou quarante millions.

LADY BRISTOL.

Et surtout les gens qui meurent ! N'avez-vous pas remarqué que ceux-là laissent toujours cinquante millions ? On dirait que ça coûte moins d'arrondir la somme dès qu'on a le soulagement qu'ils n'en jouissent plus.

HERMANN.

Néanmoins, le potin de Nohan aura bien fait perdre à Mlle de Vesles un établissement d'au moins cent mille francs de rentes.

LE DOCTEUR.

Tenez ! pour en croire mes oreilles, j'aurais encore besoin que quelqu'un m'affirmât avoir entendu le marquis de Nohan, en personne, proférer une telle accusation, de sa propre bouche.

MADAME DE MAUDRE, *avec décision.*

Eh bien, moi, par exemple !

LADY BRISTOL.

Je ne m'explique pas comment un homme de bonne compagnie peut être assez indélicat pour faire une semblable délation. En somme, il a souillé la réputation de cette demoiselle de Vesles; il en a empêché la fortune, ruiné l'avenir.

HERMANN.

Chut! le voilà.

SCÈNE VII

Les Mêmes, LE MARQUIS DE NOHAN.

MADAME DE MAUDRE, *à Nohan.*

Monsieur de Nohan, vous n'êtes pas gentil d'avoir oublié mes pauvres. Vous saviez bien que je vendais l'autre semaine.

NOHAN.

Excusez-moi, madame, et soyez sûre du plaisir que j'aurai à vous remettre, dès demain, mon offrande.

MADAME DE MAUDRE, *se levant, et emmenant Nohan graduellement à l'écart des autres, au premier plan de la scène.*

Je vous dispense de toute charité à mon adresse. Mais laissez-moi vous faire remarquer que, autrefois, j'avais en vous un client plus empressé.

NOHAN, *évasivement.*

Autrefois, j'avais en effet la religion de ces ventes de bienfaisance, lorsqu'on y payait vingt francs un sachet de dix sous. Mais à présent qu'on y achète des balais, du cirage, des légumes conservés, un tas d'objets très utiles, à meilleur marché que dans les magasins, il me semble que j'irais exploiter les indigents.

MADAME DE MAUDRE.

Malgré ce louable scrupule, j'imagine que si je m'étais fait assister à mon comptoir par la belle Régine...

NCHAN.

Pourquoi ce nom, encore?

MADAME DE MAUDRE, *désignant les autres personnages qui, à distance, s'entretiennent entre eux.*

Pauvre cher, on causait de vous, il n'y a qu'un instant. Et l'on vous trouvait bien étonnant d'être devenu si amoureux, oui, amoureux, d'une personne sur qui vous avez été le premier à proclamer les droits acquis d'un autre.

NOHAN.

Vous ne ferez donc jamais le silence sur une indiscrétion, sans doute très coupable, mais que, du moins, j'avais commise vis-à-vis de vous seule... d'une voix bien basse et bien près de votre oreille.

MADAME DE MAUDRE, *sèchement.*

Je vous défends de me rappeler ces souvenirs-là.

NOHAN.

Ils sont cependant mon unique excuse. *(Elle se redresse d'un air de défi.)* Oh! vous n'êtes que trop sûre que je ne l'invoquerai jamais... C'est par votre acharnement à décrier une créature sans défense, c'est par vous que mon propos frivole, téméraire, et surtout incertain!... est devenu une sorte de légende publique.

MADAME DE MAUDRE.

Tant que cela?

NOHAN.

On m'a questionné là-dessus moi-même! On prétendait me faire donner des détails. Cela m'est revenu de dix côtés, comme c'est venu naguère à la connaissance du comte de Neuchamps, par vous, toujours par vous!

MADAME DE MAUDRE.

Si jamais Mlle de Vesles venait à apprendre ce qu'on raconte sur elle?... et que c'est vous qui me l'avez conté?...

NOHAN, *avec une douleur suppliante.*

Oh! Madame!

MADAME DE MAUDRE.

Hé! hé! petit à petit, tout arrive... Je crains bien qu'elle ne prenne cela mal, très mal... On lui prête un naturel violent... Et vous pourriez entendre d'elle quelques-unes de ces vérités dont se garde le ressentiment de femmes mieux élevées.

NOHAN.

Comme vous me haïssez.

MADAME DE MAUDRE.

Dame! puisque notre amour est mort.

NOHAN.

Mais moi, je ne vous hais point.

MADAME DE MAUDRE.

C'est ce que je vous reproche le plus!... *(Prenant un ton de pitié moqueuse.)* Allons, ne faites pas cette moue : elle vous va trop mal. Offrez-moi plutôt votre bras, et promenez-moi.

SCÈNE VIII

LES MÊMES, LE COMTE DE LIGUEIL.

HERMANN.

Voici enfin le commandant de Ligueil.

NOHAN, *prêt à sortir avec Mme de Maudre à son bras, et faisant vers Ligueil un mouvement d'amitié mal à l'aise.*

Mon commandant...

LIGUEIL, *froidement, à Nohan.*

Ah ! te voilà !

HERMANN.

La comtesse commençait à désespérer de vous.

MADAME DE MAUDRE.

Mais votre pupille ne se plaignait point du répit.

Nohan et Mme de Maudre s'éloignent par le fond.

LIGUEIL, *au docteur.*

Quoi ! docteur, encore en fête à cette heure-ci ! Ah çà ! et votre sonnette de nuit ?

LADY BRISTOL, *malicieusement.*

Vous savez bien que c'est un docteur mondain, qui de plus passe pour être épris de toutes ses clientes.

LE DOCTEUR, *avec une coquetterie en cheveux blancs.*

Madame, ce sont mes vieux confrères qui répandent ce bruit-là, pour me faire du tort.

SCÈNE IX

LE DOCTEUR, HERMANN, SAINT-CHEF, LADY BRISTOL, LE COMTE DE LIGUEIL, MADAME DE SABÉCOURT.

MADAME DE SABÉCOURT, *entrant.*

Voyons, messieurs, je vous en prie. Toutes ces petites veulent absolument danser un cotillon! Venez, vous avez assez potiné.

LIGUEIL, *inquiet.*

Ah! bien entendu, on a potiné. Et comme de juste, sur les personnes qui sont à côté?

HERMANN, *avec bonhomie.*

Il y en avait déjà de parties.

LIGUEIL.

Et puis, à belles dents, n'est-ce pas?... Comme on opère aujourd'hui sur le prochain: plus de petites moqueries portant sur les ridicules légers ou les défauts aimables; mais des imputations graves, écrasantes, contre le fond même des personnes.

MADAME DE SABÉCOURT.

Oh ! quel ton de moraliste ! On a toujours jaboté ainsi entre intimes. Et pourvu que les sujets en cause ne s'en doutent point ; pourvu qu'il n'y ait à portée des propos qui blesseraient, aucun parent, pas de mari…

LADY BRISTOL.

Ni d'amant.

MADAME DE SABÉCOURT, *vivement.*

Ah ! cela, ma chère, me fait si peur ! Car les situations de ce genre, on les ignore… quelquefois. Elles peuvent être de la veille…

LIGUEIL.

Voyez-vous, je suis un vieux militaire. Je professe que lorsque l'on a quelque chose à exprimer contre quelqu'un… N'est-ce pas, docteur ?

LE DOCTEUR.

On se tait !

LIGUEIL.

Ah !… Moi, je lui dis ça en face.

SAINT-CHEF.

Merci, on se fait flanquer des gifles.

LIGUEIL.

Cela ne vous semble donc pas monstrueux que, dans

la vie des salons, le jour, le soir, sans enquête, sans garantie, sans conviction même, on accuse, on condamne! Seulement, ah! seulement!... on n'exécute pas...

MADAME DE SABÉCOURT.

On ne peut pas vivre comme des loups.

LIGUEIL.

Mais pourquoi ne pas admettre que l'on soit en société de gens semblables à soi, c'est-à-dire tout ce qu'il y a de mieux?... « — M. Un tel, il fait la poussette! Mme Une telle, c'est son oncle qui l'entretient!... — Ah! bah! qui est-ce qui vous a dit cela?... — Je ne sais plus. Mais attendez donc, il me semble que c'est vous. — Moi? jamais de la vie!... Quand ça, donc?... Moi? moi? Alors c'est qu'on me l'avait dit... »

Une farandole de danseurs et de danseuses passe dans la galerie.

MADAME DE SABÉCOURT.

Et notre cotillon qui est commencé! Mon cher commandant, si vous voulez continuer à prêcher, nous vous laissons dans le désert. Allons, monsieur Hermann, je vous enlève.

SAINT-CHEF, *à Lady Bristol.*

Milady, enlevez-moi!

Les deux jeunes gens sortent avec les deux femmes.

SCÈNE X

LIGUEIL, LE DOCTEUR.

LIGUEIL.

Ah çà, docteur! ce besoin d'entrer dans la vie des autres, d'y chercher des coins sales pour s'y complaire, d'en rapporter des choses malpropres pour les exhiber, c'est une nouvelle maladie, cela?

LE DOCTEUR.

Une de plus, je ne demande pas mieux.

LIGUEIL.

Je m'adresse à vous solennellement, comme à une consultation, pour quelque chose qui me pèse... là... Tenez... il y a deux jours que j'en suis à ne plus savoir que penser ni que faire... Hier matin, j'ai reçu un avertissement... anonyme, écrit en majuscules, de manière à ne trahir aucune main...

LE DOCTEUR, *à part.*

Diable!... *(A Ligueil.)* On jette cela au feu.

LIGUEIL.

Attendez... Entre nous, n'est-ce pas?... Eh bien! cet avis accuse un homme d'honneur, un ami que j'ai toujours profondément aimé, d'avoir accompli un acte de calomnie, tellement incroyable, tellement insensé, que je voudrais me l'expliquer par un cas pathologique.

LE DOCTEUR.

Méprisez plutôt la lettre comme un vilain moyen, quelque vengeance de femme, probablement un mensonge...

LIGUEIL.

Je suis, hélas! obligé d'en tenir compte. Car cette dénonciation invoque, pour preuve, un fait certain et qui, jusqu'alors, m'avait paru incompréhensible : c'est le changement d'allures de mon ami, sa rupture presque complète et sans motif appréciable avec moi, avec les miens.

LE DOCTEUR, *tentant de s'esquiver.*

Vous êtes seul compétent sur ce sujet.

LIGUEIL.

C'est juste, j'agirai pour le mieux... *(retenant le docteur.)* Mais vous, accordez-moi, persuadez-moi que ces effrayants commérages ont une cause nerveuse, dont les auteurs ne seraient pour ainsi dire pas responsables. Hein? C'est une influence épidémique, que les plus sains d'entre nous... les plus chers!... peuvent subir tout d'un coup dans des milieux comme celui-ci? Voyons, cela doit avoir un nom scientifique?

LE DOCTEUR.

Heu! heu! on peut toujours se servir du nom d'influenza.

LIGUEIL.

Non, répondez sérieusement.

LE DOCTEUR.

Ma foi, notre jargon de médecine a déjà formulé quelques termes pour définir des cas qui se rapprochent du cas en question. Nous avons la coprolalie, c'est-à-dire une impulsion irrésistible à blasphémer, à proférer des mots ignobles. On rencontre aussi l'écholalie, qui est un besoin physique de se faire aussitôt l'écho des bruits entendus : l'aboiement du chien, le grincement de la scie...

LIGUEIL.

Eh bien! cette rage que nos contemporains ont de dire des choses avilissantes, cette fureur de se faire l'écho de tous les bruits...

LE DOCTEUR.

La Faculté s'en occupera peut-être un de ces jours, sous le titre de fièvre débinoïde, de potinite aiguë, de cancanomanie, de diffamose... D'ailleurs, à l'époque de l'humanité que nous avons atteinte, ne sommes-nous pas tous, plus ou moins, des descendants d'aliénés ou d'alcooliques?... Pensez à la quantité formidable de poisons pour le corps et pour l'âme, qui, depuis un siècle, a été bue, inhalée, fumée, injectée sous la peau, par une race voulant désormais sentir des voluptés... tout le temps, et partout!... Ah! vous m'avez fait prendre soif; accompagnez-moi au buffet.

LIGUEIL.

Non, vous m'avez défendu toutes les boissons sucrées, acidulées, gazeuses, que sais-je encore!

LE DOCTEUR.

Ah! mais, si nos clients se mettaient ainsi à observer nos prescriptions, les médecins n'auraient bientôt plus de clientèle. Allons, allons, faites-nous un peu d'excès de temps en temps, et en tout genre...

Ils ont peu à peu gagné le fond de la scène, et sortent par une baie, tandis que Régine et le baron Missen entrent par l'autre.

SCÈNE XI

RÉGINE, LE BARON MISSEN.

RÉGINE, *se laissant tomber sur un canapé.*

Et maintenant, toute à l'hygiène... Constatez combien je suis obéissante.

MISSEN, *approchant d'elle une chaise.*

Aussi, comme vous devez savoir commander!

RÉGINE.

C'est souvent plus embarrassant.

MISSEN.

Je voudrais tant recevoir un ordre de vous. *(Il va pour s'asseoir.)*

RÉGINE, *l'arrêtant.*

Eh bien! allez-vous-en. Laissez-moi seule ici.

MISSEN.

Ah! je ne prévoyais pas une injonction de ce genre... En avez-vous au moins une raison?

RÉGINE, *gênée.*

Sans doute... mais...

MISSEN.

Je désire la connaître.

RÉGINE, *de plus en plus gênée.*

Nous nous sommes peu quittés pendant ce bal, et je craindrais que notre disparition simultanée ne fût remarquée.

MISSEN.

Vous ai-je donc invitée trop souvent? Pourquoi ne m'avoir pas prévenu dans le courant de la soirée?

RÉGINE.

Je n'y ai pas pensé. C'est l'arrivée de mon cousin de Ligueil qui m'a rappelé la recommandation qu'il m'a faite, aujourd'hui même, avant de venir.

MISSEN.

Laquelle?

RÉGINE.

Vous ne lui en voudrez pas?... Il m'a dit d'être réservée... avec vous... parce que votre empressement... aux yeux du monde... était compromettant pour moi.

MISSEN, *piqué.*

Cette observation m'étonne... et très désagréablement.

RÉGINE, *un peu impatientée.*

Oui. J'en ai de même été fort surprise... Mais retournez par là, je vous prie.

MISSEN, *de même.*

Vous me parlez sur un ton qui n'est presque pas gentil.

RÉGINE, *avec énervement.*

Pourquoi aussi ne vous être pas tout de suite soumis à ma demande si simple? Vous avez voulu que je la justifie; et j'en suis honteuse. Il y a de ces raisons qui vous semblent se changer en torts quand on s'entend les donner.

MISSEN, *avec malveillance.*

N'auriez-vous pas plutôt senti naître le scrupule exagéré

dont vous voilà prise, au moment où le marquis de Nohan est entré ?

RÉGINE.

Plaît-il ?... Et quand cela serait, je n'ai pas, et je n'ai jamais eu, je pense, de comptes à vous rendre sur rien... *(adoucissant sa voix.)* Je vous répète une fois de plus que j'ai pour vous une cordiale amitié. Je suis convaincue que vous avez aussi pour moi beaucoup de sympathie. Moins que vous ne vous risquez parfois à le prétendre ; mais autant que je vous en permets .. Et maintenant, je vous en conjure, allez vite vous asseoir entre deux mères de jeunes demoiselles à marier, et soyez très aimable pour qu'elles me pardonnent d'avoir si longuement, et malgré moi, paru accaparer le brillant parti que vous êtes.

MISSEN, *naïvement.*

Mais je n'ai nulle envie de me marier.

RÉGINE, *le regardant en face.*

Cela, en effet, je le crois.

MISSEN, *interloqué.*

Comment ?... Quoi ?...

RÉGINE, *apercevant Nohan qui, entré dans la pièce, va en ressortir à la vue du couple.*

Ah ! Monsieur de Nohan, vous ne m'avez pas encore souhaité le bonsoir.

SCÈNE XII

LES MÊMES, NOHAN.

RÉGINE, *à Nohan.*

Vous connaissez bien le baron Missen?

NOHAN, *avec courtoisie.*

Mais certainement.

RÉGINE, *à Missen.*

Vous connaissez bien le marquis de Nohan?

MISSEN, *avec raideur.*

Non.

RÉGINE, *les présentant l'un à l'autre.*

Le marquis de Nohan... Le baron Missen. *(Les deux hommes se font un bref salut et s'écartent l'un de l'autre, chacun vers une extrémité opposée de la salle.)* A présent vous êtes en relations. *(Elle se force à plaisanter avec embarras.)* Tout à l'heure, vous auriez eu quelque chose à vous dire, la politesse interdisait que vous vous le dissiez. *(Riant un peu, à Nohan.)* Maintenant, quand même vous n'auriez rien du tout à vous dire, il faut pourtant que vous vous disiez quelque chose... *(avec insistance, à Missen)* par politesse.

MISSEN, *toujours rogue.*

Je vais dire... adieu. *(Plus gracieusement.)* Il est tard ; et je trouverai sans doute à la Légation quelque dépêche encore à déchiffrer. *(Il sort.)*

SCÈNE XIII

RÉGINE, NOHAN.

RÉGINE.

Franchement, en quoi ai-je eu la maladresse de vous fâcher ?

NOHAN.

Je ne comprends pas votre question, mademoiselle.

RÉGINE.

Vous êtes maintenant, avec moi, comme lorsque l'on a quelque chose contre quelqu'un... Ce soir même, vous alliez éviter de me donner la main.

NOHAN.

Admettez que je sois un sauvage; ne me reprochez pas une humeur à laquelle je ne puis rien.

RÉGINE.

C'est moi seule que j'accuse; mais, par exemple, sans savoir de quoi... Quand mes cousins de Ligueil, après la mort de mon père, m'ont offert l'hospitalité, vous étiez comme l'enfant de leur maison. Vous veniez constamment déjeuner, dîner, chercher le commandant pour une promenade à cheval. Et ainsi, vous et moi, nous avons alors fait véritablement connaissance. Même il m'avait semblé que nous avions été tout de suite de vieux camarades! Vous aviez une façon si cordiale, si aisée de me traiter... en garçon, que j'en étais bien un peu confuse... mais très contente.

NOHAN.

J'ai eu tort, mademoiselle, à mon insu, d'avoir une telle familiarité, puisque vous l'avez sentie.

RÉGINE.

Pardonnez-moi les mots, puisque je les emploie à vous remercier des choses... Ce qui est certain, c'est que, après avoir eu le temps d'approfondir mon caractère, quand vous avez dû savoir tout à fait bien ce que j'étais, comment j'étais, alors que j'espérais mériter de vous une amitié encore meilleure, au contraire, vous êtes devenu subitement formaliste avec moi, horriblement respectueux... Et puis vous vous êtes fait si rare chez ceux qui me donnent asile, que vous m'avez eu l'air de vouloir m'y céder toute la place... N'avais-je donc pas su me tenir à la mienne?... et ne lui est-il pas suffisant d'être bien petite?

NOHAN.

Je vous assure que vous vous trompez sur les faits, sur mes sentiments...

RÉGINE.

Voulez-vous que je vous dise quand vous avez changé? C'est l'année dernière, juste à l'époque où a été rompu le projet de mon mariage.

NOHAN, *anxieux*.

Cette rupture a été un violent chagrin pour vous?

RÉGINE.

Ah! Toute ma peine ne m'est venue que de celle dont le comte de Neuchamps m'a rendue témoin quand il m'a repris sa parole. Car cet honnête homme avait dû se faire une cruelle violence en renonçant à ce qu'il avait sans doute imaginé comme une sorte d'adoption, pour tirer de dépendance, de charge à autrui, de misère, la fille de son grand ami de Vesles.

NOHAN.

Puis-je vous demander quelle explication il vous a donnée?

RÉGINE.

Il avait les yeux pleins de larmes : — « Ma chère enfant, m'a-t-il dit, j'ai pour vous une tendresse profonde; mais vraiment mes cheveux sont trop blancs. Le monde est si méchant qu'il ne croirait jamais à votre abnégation. Et je ne veux pas que ce soit vous qui ayez à souffrir de propos perfides dont ma vieillesse seule serait la cause! » Après ces mots, il m'embrassa paternellement. Je l'avais écouté avec soumission. Mais, sans pouvoir me rendre compte de ce qui s'accomplissait alors dans ma vie, j'ai éprouvé la sensation d'un immense abandonnement. J'avais follement besoin d'être soutenue, entourée d'affection; et c'est sans doute cela qui me rendait plus exigeante que de raison et qui me fait encore aujourd'hui parler des aides que je n'ai plus trouvées auprès de moi... N'est-ce pas, monsieur de Nohan, si vous aviez deviné cette détresse, vous seriez resté là pour me remonter le moral?

NOHAN, *très ému.*

Ah! mademoiselle, je suis à la fois pire et meilleur que les apparences ne peuvent vous en donner l'idée. Mais au milieu de tout cela, prenez l'assurance que j'ai pour vous un dévouement... suprême.

RÉGINE.

Vrai?... Merci!... Alors, je vous en prie, dans un temps où vos amis de Ligueil ont tant de bontés à mon égard, ôtez-moi la conviction, et ne la leur laissez pas prendre, que c'est ma présence chez eux qui vous en écarte...

Venez les voir... D'ailleurs vous n'êtes pas exposé à me rencontrer : je suis perpétuellement dans mon atelier, au troisième étage.

NOHAN.

Vous travaillez beaucoup ?

RÉGINE.

Je voudrais acquérir assez de talent pour en vivre matériellement... et moralement, puisque je suis condamnée à rester fille... et à devenir vieille fille.

NOHAN, *comme malgré lui.*

Pourtant...

RÉGINE.

Pourtant quoi ?...

NOHAN.

Je sens que je suis gravement indiscret... Mais nous causons avec tant d'intimité... Ne croyez-vous donc pas que vous épouserez le baron Missen ?

RÉGINE.

Il ne m'a jamais exprimé une intention de ce genre.

NOHAN, *nerveusement.*

Mais il vous fait la cour... Il n'est pas possible qu'il ne vous ait point laissé entendre... *(avec jalousie)* qu'il vous aimait.

RÉGINE, *avec une moue faiblement négative.*

Oh !

NOHAN.

Admettez-vous donc que ce ne soit point avec le projet de vous épouser ?

RÉGINE.

Dans la façon avec laquelle Missen me parle parfois de ses parents et du genre d'union que ceux-ci rêvent pour lui, j'ai pu reconnaître, en effet, un moyen délicat de me faire entendre que sa famille serait un obstacle... à ce dont il n'était d'ailleurs pas question entre nous.

NOHAN.

Excusez-moi... Mais alors, comment tolérez-vous ses assiduités ?

RÉGINE.

Parce qu'il se rattache, pour moi, à des souvenirs qui me sont bien douloureux... et aussi bien chers...

NOHAN, *avec angoisse.*

Ah !

RÉGINE.

Vous êtes formalisé ? Croiriez-vous que je veuille faire avec vous du mystère ?... Je ne vois point, du reste, quel mal je commettrais en confiant à un ami aussi sérieux que vous le rôle dont le baron avait bien voulu se charger dans les derniers instants de la carrière et de la vie de mon père...

NOHAN.

Faites-moi savoir, je vous en prie... Aidez-moi à savoir!...

RÉGINE.

Voilà : l'énergie et le patriotisme de M. de Vesles avaient suscité contre lui, dans notre résidence d'Orient, une ligue des autres agents diplomatiques. Seul, le chef de légation de Missen nous était resté favorable. Mais il était tenu à des apparences officielles de neutralité.

NOHAN.

Alors?

RÉGINE.

Alors, quand il avait quelque avertissement à donner à mon père, il ne le faisait qu'indirectement, par l'entremise de Missen, et en cachette...

NOHAN.

En cachette?

RÉGINE.

Oui, le soir, tard, très tard.

NOHAN.

Le soir, dites-vous?

RÉGINE.

Enfin, la nuit.

NOHAN.

La nuit!... Quand tout était censé dormir?... Quand vous dormiez?

RÉGINE.

Je veillais; et jusqu'au pas de la porte je prenais part à ces entretiens qui avaient pour but de sauver une situation dont mon père et moi avions tant besoin!

NOHAN, *à part.*

Ah! misérable que je suis! *(Avec ivresse.)* Parbleu, c'était cela, c'est clair.

RÉGINE.

Vous comprenez en quoi, Missen et moi, nous sommes un peu de vieux complices?

NOHAN.

Mais il faudrait, je vous en supplie, ne plus du tout en avoir l'air... Si vous pouviez deviner!...

RÉGINE.

Effectivement, mon cousin m'a déjà prévenue.

NOHAN.

Ah!... Ligueil?...

RÉGINE.

Véritablement, vous aussi, vous croyez qu'il y ait des âmes assez mauvaises, assez viles ?...

NOHAN, *du fond de l'âme.*

Oui.

RÉGINE, *indignée.*

Une pauvre fille qui n'a que sa réputation !... Est-ce qu'on vous a déjà dit des choses contre moi ?

NOHAN.

Non...

RÉGINE.

Vous m'auriez défendue, n'est-ce pas ?... Vous me défendriez ?

NOHAN, *accablé.*

De mon mieux.

SCÈNE XIV

RÉGINE, NOHAN, COMTESSE DE LIGUEIL.

COMTESSE DE LIGUEIL.

Régine, nous partons. *(A Nohan.)* Vous, je renonce à

espérer votre visite, puisque vous n'en trouvez plus le temps depuis que vous n'avez plus rien à faire.

RÉGINE, *faisant à Nohan une petite mine de volonté.*

Au contraire, ma chérie. Le marquis de Nohan venait de me demander si vous recevriez toujours le jeudi.

COMTESSE DE LIGUEIL.

Et elle vous a prévenu que c'était après quatre heures?

NOHAN.

Puisque maintenant on n'est plus chez soi, à son jour, qu'à partir d'une certaine heure.

COMTESSE DE LIGUEIL.

Oh! jusqu'à cette heure-là, prudemment fixée pour retarder les visites importunes, plus d'une femme est chez elle, de tout cœur. C'est le bon moment, mon cher, choisissez-le. Plus tard, cela ne peut pas s'appeler encore y être; ce n'est plus que rester chez soi. C'est l'heure des restes... *(Tendant la main à Nohan.)* Alors, à jeudi.

RÉGINE, *tendant la main à Nohan.*

Au revoir.

ACTE II

Dans l'atelier de Régine de Vesles, chez les Ligueil.

SCÈNE PREMIÈRE

RÉGINE, LIGUEIL, *puis* UN DOMESTIQUE.

Au moment où la toile se lève, Régine, devant son chevalet, est en train de peindre le portrait du comte de Ligueil. Régine est en déshabillé du matin.

RÉGINE.

Si vous êtes fatigué, reposez-vous un instant.

LIGUEIL, *se levant.*

Me permettez-vous, enfin, d'aller me contempler ?

RÉGINE.

Mon Dieu, oui, puisque vous avez la politesse d'en avoir tant envie; mais j'aurais mieux aimé que votre première impression ne portât que sur un travail fini.

LIGUEIL, *étant allé voir le portrait.*

Oh! c'est très bien! c'est parfait!

RÉGINE, *joyeuse.*

Vraiment! vous vous trouvez ressemblant? Vous êtes content?

LIGUEIL, *considérant alternativement son image dans le portrait et dans un face-à-main.*

Êtes-vous certaine que j'aie le nez tout à fait aussi fort?

RÉGINE, *comparant à son tour les deux nez.*

Heu! heu! j'arrangerai cela d'un rien.

LIGUEIL, *de même.*

C'est très bien, très bien... Ah! la bouche est peut-être une petite idée trop grande!...

RÉGINE, *attristée.*

Vous voyez, cela vous paraît mal.

LIGUEIL, *de même.*

Je vous répète que c'est très réussi! Regardez-moi les yeux, Régine. *(Il se tourne vers elle.)* Ne vous semble-t-il pas que je les aie un peu plus ouverts, un peu moins durs? Je ne prétends pas avoir de grands yeux; mais j'ai, tout de même, les yeux... grands.

RÉGINE.

Voulez-vous que je vous dise? vous posez si bien que vous en posez trop bien. *(Elle imite Ligueil.)* Vous froncez les sourcils, vous serrez les dents; on penserait que vous êtes attentif ou préoccupé, tandis que vous n'avez rien à faire que de rester naturel et de vous montrer comme à votre ordinaire.

LIGUEIL.

Sapristi! je pose naturellement, comme il m'est naturel de poser. C'est ma façon de poser; c'est une ressemblance de plus avec moi-même : un effort que je fais pour mieux me ressembler. Je fais quelque chose, autant que si je mettais mes éperons ou que si j'étudiais une carte d'état-major.

RÉGINE.

Il faudrait justement éviter cela.

LIGUEIL.

Mais tous les portraits que l'on expose, ce sont les images de gens qui posent. Un particulier que l'on ne remarque point s'il passe à côté de vous, en chair et en os, vous inspire tout de suite une impression à son endroit, par sa manière de se présenter dans le cadre d'une toile. *(Il prend une attitude.)* On se dit : « Voilà un monsieur qui doit avoir de la conversation dans les sociétés d'archéologie, » ou bien *(variant d'attitude)* : « Voilà un monsieur avec qui on ne doit pas pouvoir se lier en chemin de fer... » Le livret porte simplement : Portrait de M. X... Lisez : « Portrait de M. X... en train de faire faire son portrait. » Tous ces individus que l'argot du monde appelle des poseurs, leur qualification ne leur vient-elle pas de ce qu'ils se comportent toujours, au Bois, à table, au théâtre, à la salle d'armes, comme s'ils étaient au moment où l'on fixerait leurs traits pour la postérité ?

RÉGINE, *se remettant à son chevalet.*

Enfin, posez, en posant le moins possible.

LIGUEIL, *consultant sa montre.*

Ne craignez-vous pas de vous mettre en retard ? Il va bientôt falloir vous apprêter et descendre au salon, pour aider Mme de Ligueil à faire les honneurs de son quatre *o'clock*.

RÉGINE.

J'ai prié ma cousine de m'en dispenser aujourd'hui.

LIGUEIL.

A propos de quoi ?

RÉGINE.

Vous allez vous moquer encore de moi.

LIGUEIL.

Dites ?

RÉGINE.

La même raison qui m'a déjà empêchée hier de vous accompagner à ce concert.

LIGUEIL, *grommelant.*

Toujours parce que le comte de Neuchamps vient de se laisser enterrer! Mais, ma chère enfant, vous damez le pion à la reine Artémise elle-même... Ah çà! on n'est pas veuve d'un mort avec qui l'on n'a fait que devoir se marier! Il faut avoir rempli... *(à part)* d'autres formalités.

RÉGINE.

Mettez que je suis ridicule. Est-ce ma faute si j'ai une âme qui se sent, pour ainsi dire, devenir veuve, aussi bien des braves gens que des belles choses, des grands rêves qui finissent...

LIGUEIL.

Que diable! le comte de Neuchamps, pour couronner sa carrière, s'était conduit vis-à-vis de vous avec bien de l'incohérence.

RÉGINE.

C'est possible. Il aurait peut-être mieux agi en ne s'éloignant pas de moi, en appréhendant que cela me causât du tort, après m'avoir décidée à une résolution que j'acceptais par reconnaissance pour lui et par discrétion envers vos bienfaits... Mais il était triste et bon. Au surplus, je ne pourrai jamais avoir de rancune ou de dépit que contre quelqu'un que j'aimerais... d'une certaine façon.

LIGUEIL.

Ah! bah! Quelle façon?

RÉGINE.

Ma façon.

UN DOMESTIQUE, *entrant.*

M. le marquis de Nohan fait demander si Mademoiselle peut le recevoir.

RÉGINE, *rangeant vivement son chevalet contre le mur.*

Mais certainement. Oh! bien, merci, pas dans la tenue où je suis! *(Au domestique.)* Priez le marquis de monter. *(A Ligueil.)* Vous voudrez bien m'excuser auprès de lui. Je vais me dépêcher. *(Elle passe dans son appartement.)*

SCÈNE II

LIGUEIL, *puis* NOHAN, *puis* UN DOMESTIQUE.

LIGUEIL.

Décidément, il faut que j'aie une seconde explication avec Nohan et que, cette fois-ci, je mette les points sur les i. *(Entre Nohan.)* Bonjour, mon camarade.

NOHAN.

Eh bien ! et ton portrait?

LIGUEIL.

Il est à peu près achevé. Veux-tu que je te le montre, pendant que Régine change de robe? Par exemple, tu ne lui diras pas que tu l'as vu ! *(Il va chercher le portrait.)*

NOHAN, *regardant l'œuvre.*

Ah! joli! très joli! C'est frappant.

LIGUEIL.

N'est-ce pas? à part quelques petits détails...

NOHAN.

Oui! le nez... Elle te l'a un peu trop effilé. Enfin, mon cher, tu sais que tu as le nez plutôt rond.

LIGUEIL, *se mirant à nouveau.*

J'ai un nez comme tout le monde.

NOHAN, *examinant encore la toile.*

Ah! c'est bien toi... Elle t'a tout de même rapetissé la bouche et puis agrandi les yeux.

LIGUEIL.

La critique est aisée, être modèle est difficile. *(Il va ranger le tableau, et négligemment.)* Est-ce que tu as quelque chose de particulier à dire à Régine?

NOHAN, *embarrassé.*

Heu!... Non... Pourquoi?

LIGUEIL.

Parce que te voilà ici de très bonne heure... Et comme tu es déjà venu la voir avant-hier, et que, la veille, tu étais venu nous retrouver dans notre loge, à l'Opéra, et causer longuement avec elle...

NOHAN.

En effet... Mais que trouves-tu à cela de mauvais?

LIGUEIL.

Je serais désolé de te faire à nouveau de la peine, et je me garderai de revenir sur le passé. C'est la méchanceté du monde qui m'a appris ta déplorable erreur; mais de toi, mon frère d'armes, mon cadet, je n'ai voulu connaître et je ne puis me rappeler que ton repentir. Seulement, laisse-moi te parler, avec tout mon cœur, du présent.

NOHAN.

Du présent?

LIGUEIL.

Oui, du présent, et aussi de l'avenir. Où veux-tu en arriver?

NOHAN.

Moi?... en arriver?

LIGUEIL.

Après notre douloureux entretien du mois dernier, j'avais lieu de croire que tu persévérerais dans la mesure de tact qui t'avait fait, depuis longtemps, t'exiler de notre maison. J'en souffrais autant que toi; mais je reconnaissais que cela devait être tant que Mlle de Vesles séjournerait ici... Et ces raisons, je les avais fait approuver par Mme de Ligueil.

NOHAN.

Comment! toi! tu m'as dénoncé à ta femme!

LIGUEIL.

Ah! mon cher, d'abord, ma femme, je lui dis tout.

NOHAN.

Je comprends alors pourquoi elle a tant changé à mon égard!

LIGUEIL.

Convenait-il de lui dissimuler ce que personne, paraît-il, n'ignore autour de nous?

NOHAN.

C'est vrai! tout le monde est au courant des imbécillités criminelles que, un jour, en effet, j'ai eu la folie de conter, *(à part)* de chuchoter plutôt. Moi, il y a des moments où je me demande si réellement je les ai dites, si j'ai été cet homme dont je suis tellement loin aujourd'hui.

LIGUEIL, *montrant une émotion.*

Et le mal de... ce que tu as fait, au lieu de s'atténuer, va certainement s'aggraver lorsque se sera répandue la nouvelle que, depuis quelque temps, tu es si galant, si fréquent auprès de Régine. *(Mine résolue de Nohan.)* Oui, je sais, tu feras taire le premier imprudent. Et comment cela? Tu déclareras que tu ne permets aucun propos à ton sujet sur Mlle de Vesles, et que tu la respectes profondément! Ce n'est pas cela qui diminuera le nombre des rieurs.

NOHAN.

Si ceux dont tu me prédis les gorges-chaudes pouvaient lire en mon âme, je leur ferais plutôt pitié! Certes, je ne songe pas à professer ma foi dans la parfaite vertu de Régine de Vesles. Ce serait presque vouloir outrager à nouveau, sous une autre forme, celle dont on ne peut se rapprocher sans que l'on ne respire aussitôt le parfum d'honnêteté qui s'exhale d'elle. Mais je suis prêt à confesser à tous que j'aime cette charmante fille, comme ils s'en aperçoivent peut-être, *(avec feu)* seulement, que je l'aime comme ils ne s'en doutent pas!

LIGUEIL.

Ah! mon cher... mon pauvre ami! tu me fais beaucoup de peine. Je voudrais t'adresser les encouragements que tu espérais peut-être; et cependant mon devoir est de te dire qu'il faut te raisonner, te contenir. Il importe absolument que tu évites de te trop montrer chez moi, où ta rencontre avec des étrangers peut ranimer leurs souvenirs, stimuler leur malignité.

NOHAN, *avec amertume.*

Dans ma détresse, j'attendais autre chose de ta vieille affection pour moi. Et tu prends, pour m'écarter d'ici, un soin qui pourrait ne point me paraître désintéressé.

LIGUEIL.

Non, mon ami, non, je ne suis pas amoureux de Régine. Je suis amoureux de ma femme. Mais, néanmoins, si je sens bien auprès de cette petite que je ne suis que son ami, je sens aussi qu'elle est mon amie-femme. Et pour cette amitié-là on a, c'est vrai, un je ne sais quoi que l'on n'a pas pour l'ami-homme, quelque chose d'autre, je te le confesse, que ce que j'ai pour moi.

NOHAN.

Merci !...

LIGUEIL.

C'est chaste, un peu paternel, ou plutôt maternel, si l'expression pouvait s'appliquer à rien de ce qu'éprouve un commandant de cavalerie. C'est très protecteur, en tout cas. Et, au nom de ce sentiment, je t'adjure de t'arrêter. On te prêterait vite le projet de séduire Régine ; et, comme tu as mal disposé la galerie, au premier faux semblant, on dirait que c'est fait.

NOHAN.

Les gens qui me prêteraient un projet pareil seraient plus odieux que, moi-même, je ne l'ai jamais été.

LIGUEIL.

Que diable! après l'opinion que l'on doit inévitablement t'attribuer sur Mlle de Vesles, il ne peut venir à l'idée de personne que tu aies l'intention de te marier avec elle.

NOHAN, *se levant.*

Eh bien, si, je l'ai, cette intention.

LIGUEIL.

Comment? Toi... après les... la... Tu veux...

NOHAN.

Justement. L'erreur et la faute que j'ai commises envers Mlle de Vesles, je demande à les abjurer aux pieds de la marquise de Nohan. Cela répondrait à tout, je pense, et le fait même du mariage suppléerait éloquemment à tout commentaire.

LIGUEIL, *lui prenant la main.*

Bien! c'est brave et intelligent. Tu as raison.

NOHAN.

Certes, je ne lui offre pas une fortune, surtout en comparaison de celle que je lui ai fait manquer. Tu le sais, je suis presque pauvre. Mais mon nom est l'égal des plus fiers, et couvrira la vie de la femme qui le portera.

LIGUEIL.

Soupçonnes-tu un peu les dispositions de Régine à ton égard ?

NOHAN.

Je crois, du moins, qu'elle a pour moi de la sympathie.

LIGUEIL.

Veux-tu que je me charge de l'interroger ?

NOHAN.

Non, merci, il faut que ce soit moi qui lui parle.

Un domestique est entré sur ces entrefaites.

LIGUEIL, *au domestique.*

Qu'est-ce ?

LE DOMESTIQUE.

Un clerc de notaire demande à faire une communication à M. le comte.

LIGUEIL, *s'interrogeant lui-même.*

Un clerc de notaire ? à propos de quoi ? *(Au domestique.)* Dites-lui que je vais y aller. D'ailleurs, voici Régine. *(A Nohan.)* Je vous laisse. *(Il sort.)*

SCÈNE III

NOHAN, RÉGINE.

RÉGINE.

Je vous ai fait attendre, n'est-ce pas? J'ai été longue? Oh! je sais que je suis très longue habituellement, quand c'est la femme de chambre qui m'habille, parce que cela m'ennuie; et quand je m'habille moi-même, c'est encore plus long *(confidentiellement)* parce que cela m'amuse.

NOHAN, *soucieux.*

Mais ne vous excusez pas, je vous assure.

RÉGINE.

Oh! vous vous êtes impatienté! Tenez, vous avez là, entre les yeux, un pli que je connais bien, et que je ne voudrais jamais vous voir.

NOHAN.

Pourquoi cela?

RÉGINE.

Lorsqu'on a eu, comme moi, beaucoup d'heures mauvaises dans la vie, je vous certifie que, contrairement à l'opinion courante, cela rend meilleur. Et alors on s'afflige devant la marque d'un souci sur le front d'un ami.

NOHAN.

Vous croyez donc que je suis malheureux?

RÉGINE.

Oui.

NOHAN.

Et vous voudriez que je fusse heureux? vous vous inquiétez quelquefois de cela?

RÉGINE.

Oui.

NOHAN.

Et vous vous demandez de quoi je puis être malheureux et ce qui pourrait me rendre heureux?

RÉGINE.

Oui.

NOHAN.

Ah! Et qu'est-ce que vous vous répondez?

RÉGINE.

Rien.

Un temps.

NOHAN.

Qu'est-ce qui peut faire le malheur d'un homme?

RÉGINE.

Bien des choses, je présume.

NOHAN.

Une seule.

RÉGINE, *évasivement.*

Je n'ai jamais été homme, je ne puis deviner.

NOHAN.

Eh bien, une femme, ne concevez-vous pas ce qui pourrait faire son malheur, en une seule chose... *(Régine baisse les yeux)* qui serait une personne? *(Régine fait un signe affirmatif sans relever la tête.)* Alors, réciproquement, vous comprenez que c'est d'une femme qu'un homme reçoit toute peine... et que... c'est d'une femme, aussi, qu'il doit espérer toute joie.

RÉGINE, *timidement.*

De la même?...

NOHAN, *riant malgré lui.*

Généralement! Cela dérange moins.

RÉGINE.

Il me semble qu'il faut ignorer qu'on fait le malheur de quelqu'un, pour ne pas faire son bonheur.

NOHAN.

Il n'y a de bonheur possible que si la femme aimée partage le sentiment qu'elle inspire.

RÉGINE.

Est-ce que cela n'est pas arrivé déjà souvent ?

NOHAN.

Sans doute. Mais, pour commencer, comment l'homme aura-t-il trouvé en lui la hardiesse d'interroger le cœur de la femme ?

RÉGINE.

Cela doit être, en effet, bien gênant... pour tous les deux.

NOHAN.

Pour moi, je crois que je n'aurais jamais la force d'attendre la réponse à ce que j'aurais ainsi déclaré.

RÉGINE.

Quelquefois, dans des conversations pareilles, on doit être fixé avant que l'on ait achevé sa phrase...

NOHAN, *se reprenant, sur le point de se déclarer.*

Mais si, au moment d'exprimer son amour et de poser la question... la question redoutée, si l'on avait le sentiment d'être un coupable, un grand coupable ! envers celle que l'on voudrait prier d'être sa femme. *(Tressaillement de Régine.)* Et si l'on se jugeait indigne de sa propre passion, tant que l'on ne se serait pas montré tel que l'on est, réhabilité dans la mesure du possible par l'aveu de sa faute avant tout autre aveu ? Et si la lâcheté à ne pas avouer son amour venait, surtout, de ce qu'on n'osât pas d'abord avouer sa faute ?

RÉGINE.

Ma foi, mon ami, le personnage devient très intéressant. Je voudrais savoir sorti d'embarras cet homme si plein de scrupules, ce si galant homme que vous me dépeignez. Je souhaiterais que, pour arriver enfin au second et au plus cher de ses aveux, vous le soulagiez vite du poids qui oppresse sa conscience, peut-être bien sans raison, car, à moins qu'il n'ait affaire à un monstre d'indifférence et d'ingratitude...

NOHAN.

Mais si cet homme était moi ? Et si le sentiment que j'implore en retour pouvait être anéanti du coup, par ma confession première, sans que son existence eût seulement eu le temps de m'avoir été révélée ? Que me conseilleriez-vous ?

RÉGINE.

Dans ce cas, peut-être vaudrait-il mieux changer l'ordre des confidences et prendre d'abord le soin de vous assurer que vous soyez aimé. *(Échappant à Nohan.)* Je dis cela... je ne sais pas, cela ne me regarde pas. Nous faisons de la fantaisie, j'y prends part avec amitié. Mais je crains bien, en adoptant tour à tour vos raisons, de ne vous paraître qu'une conseillère sans conviction, pas sérieuse, par trop arrangeante.

NOHAN, *se levant.*

Non! Dieu du ciel! vous êtes bien, au contraire, telle que je vous rêve, telle qu'il faut que vous soyez. Je ne sais encore quel parti prendre, comment parler! Mais, voyons, n'en avez-vous pas assez entendu? En me prosternant devant vous, en attendant votre absolution comme au pied d'un autel, *(lui prenant la main)* ne sera-ce pas vous avoir déclaré déjà que vous êtes celle à qui je ne veux pas, je ne peux pas avoir dit, d'abord, qu'elle est tout mon amour, qu'elle va être toute ma vie ou toute ma mort?

RÉGINE.

Oh! mon ami, mon ami, vous me faites du mal.

NOHAN.

Je...

RÉGINE, *touchant son cœur.*

Non, c'était une façon de dire, *(se parlant à elle-même)* parce qu'il n'y a pas de mot pour exprimer que ce que l'on éprouve est ainsi meilleur que du bien.

SCÈNE IV

LES MÊMES, LA COMTESSE DE LIGUEIL.

LA COMTESSE, *entrant d'un air important.*

Régine, mon mari vous prie de descendre lui parler. *(A Nohan, froidement.)* Je ne vous savais pas ici...

NOHAN.

En arrivant, on m'a dit que Ligueil était dans l'atelier, et je suis monté tout droit.

LA COMTESSE.

Voyons, Régine, on vous attend en bas; je vous promets que vous ne regretterez pas de vous être dépêchée.

RÉGINE.

J'y vais, chère amie. *(A Nohan.)* Vous n'êtes pas pressé de partir, n'est-ce pas? *(Elle sort.)*

SCÈNE V

LA COMTESSE, NOHAN, *puis* UN DOMESTIQUE.

LA COMTESSE.

Cette bonne petite! Ah! je suis contente! Elle méritait bien un peu de chance, quoiqu'on ne pût guère prévoir ce qui lui échoit! Mais c'était son tour, à la fin! Il y a comme cela des destinées dont on se dit : « Cela ne finira donc pas que tout leur tourne mal? » Seulement, cette fois, le coup de veine est beau.

NOHAN.

Ne m'expliquerez-vous pas ?...

LA COMTESSE.

Le comte de Neuchamps, estimant qu'il n'est jamais trop tard pour faire amende honorable, a légué à Régine un peu plus de deux millions.

NOHAN, *atterré.*

Ah! j'étais revenu trop tôt vers l'espérance. Et devant moi, à nouveau, toujours l'irréparable!

LA COMTESSE.

Que signifie ce langage?

NOHAN.

J'allais, dans un instant, solliciter de Mlle de Vesles qu'elle m'accordât sa main... *(Un temps.)* Vous comprenez?

LA COMTESSE.

Oui, cet héritage imprévu met votre... *(avec intention)* délicatesse dans une situation plus que difficile...

UN DOMESTIQUE, *entrant.*

M. le baron Missen attend Mme la comtesse au salon. *(Il sort.)*

LA COMTESSE.

Réfléchissez, consultez mon mari... Mais prenez bien garde que le monde ne trouve votre demande en mariage un peu tardive... ou trop pressée... *(Elle sort.)*

SCÈNE VI

NOHAN *seul, puis* RÉGINE.

NOHAN, *avec rage.*

Ah! comme il faut que les honnêtes gens soient hon-

4.

nêtes, pour deviner ainsi de la canaillerie partout! Mais chacun de nos actes, de nos gestes, de nos rêves, tout... jusqu'au battement le plus intime de notre cœur, cela n'est donc pas à nous seuls, ni même un peu à nous? Cela appartient donc souverainement à autrui, au monde, à la foule des inconnus? Notre âme est donc un étalage où les passants prennent l'objet qui leur convient?... Oui, un étal, où le premier venu s'empare du morceau désigné, l'emporte tout palpitant et l'accommode, l'assaisonne, le dénature à sa guise!... Allons, tout est fini! *(Il va pour sortir. Entre Régine, qui se tamponne les yeux avec un mouchoir, mais qui a le sourire aux lèvres.)* Vous pleurez?

RÉGINE, *d'une voix troublée.*

Oh! ne m'interrogez pas, vous me feriez pleurer encore! Je sens que, dans ce moment-ci, je puis pleurer pendant des heures... Je ne saurais dire si c'est de chagrin ou de joie... Je pleurerais... je pleurerais!...

NOHAN.

D'ailleurs, je n'ai pas de question à vous faire; je suis informé.

RÉGINE.

Ma cousine vous a appris? *(Signe affirmatif de Nohan.)* On dirait que vous êtes mécontent, vous avez l'air triste... oh! si triste!

NOHAN.

Le changement de votre sort a bouleversé le mien.

RÉGINE.

Vous croyez qu'il y a quelque chose de changé en moi ? Vous vous trompez... Comment pourrais-je vous prouver que vous vous trompez ?

NOHAN, *malgré lui.*

Ah ! si vous m'aimiez comme je vous aime! jusqu'à ce que tout ce qu'il y a d'autre au monde vous fût égal ! Si rien, en dehors de moi, ne comptait pour vous !...

RÉGINE, *affectueusement interrogative.*

Alors ?

NOHAN, *repris par elle.*

Dites-moi seulement, cela n'engage à rien, cela peut même se répondre en riant, dites-moi que vous avez un peu de plaisir à ce que je vous aime tant, tant !...

RÉGINE, *après un silence.*

Être aimée ! ou du moins se croire aimée ! Quand on est encore un peu jeune, pas trop laide, faut-il penser que ce soit bien rare, bien difficile ? Il me semble qu'il doit suffire de le vouloir... Probablement, j'ai tort... Mais aimer ! *(Avec chaleur.)* Pouvoir aimer, savoir que l'on aime, être certaine que cet amour on l'a bien à soi, que c'est tout à fait sien, que rien ni personne ne peut l'altérer ; être si loin de pouvoir en douter, que l'on sente qu'il vous étouffe presque... Ah ! c'est cet amour-là qui en fait de la joie ! A quoi bon l'amour que l'on inspire ? Tout l'amour, c'est celui qu'on éprouve !

NOHAN, *éperdu.*

Est-il donc une femme capable d'aimer ainsi ?

RÉGINE.

Mais ne serait-ce donc pas ainsi que toutes les femmes aiment ?

NOHAN.

Alors, quel homme au monde pourrait mériter d'être aimé ainsi... par vous ?

RÉGINE.

Oh ! qui sait ? Comment dirai-je ?... Quelqu'un qui ne voudrait pas se décider à me deviner, et qui me ferait vivre un instant de mystère tout à fait sublime, en m'aimant assez pour ne point pouvoir discerner que c'est lui que j'aime et combien je l'aime !

NOHAN.

Régine !

RÉGINE.

Je vous en prie, mon cher ami, mon doux ami... Me voici pleine de honte ! Après vous avoir parlé de l'amour avec tant d'ardeur, il me semble que je serais coupable si, maintenant, tout de suite, je répondais directement à ce que me demande votre regard, qui m'intimide tant. *(Avec la plus tendre douceur.)* Vous voulez que je vous dise ?

NOHAN, *revenant à lui.*

Non, ne dites pas... ne dites rien... Je serais un traître !

J'ai perdu la raison; je manquais au serment que je me suis fait... Écoutez-moi. Et pourquoi ceux qui m'ont jugé sur l'infamie de la faute ne sont-ils pas là, maintenant, pour me juger sur la grandeur de l'expiation!... Vous aviez oublié, — et cela vous était facile... et moi c'était l'effet d'un délire, — j'avais oublié que j'ai un pardon, inespéré, à obtenir de vous.

RÉGINE.

Vous êtes tout pardonné.

NOHAN.

Oh! j'en suis loin!

RÉGINE, *lui montrant une chaise, en plaisantant.*

Mon frère, de quoi vous accusez-vous?

NOHAN.

Je crois encore que je ne vais pas pouvoir.

RÉGINE.

Si je vous aidais? *(Réfléchissant.)* Je parie que je devine un peu... mais je n'ose dire... *(Soupirant.)* Vous avez eu un roman? Je ne sais quelle aventure? *(Nohan hausse les épaules, en signe de dénégation.)* Tant mieux!

NOHAN.

Je vous ai calomniée.

RÉGINE.

Ah! bah! Et qu'est-ce que vous avez trouvé à mon

sujet ?... Que je me teignais les cheveux ? Vous savez que je ne les teins pas du tout. C'est leur couleur presque naturelle, qui leur vient tout de suite, avec l'eau qui me sert à les laver.

NOHAN.

Non, ne plaisantez pas, l'heure est grave.

RÉGINE.

Quel air vous avez pris ! Mon Dieu, voici déjà que je ne suis plus heureuse !

NOHAN.

Avant de vous aimer... avant de vous connaître, en somme, j'ai dit du mal de vous... odieusement.

RÉGINE.

Quel mal ?

NOHAN.

J'ai parlé de vous, à propos d'une autre personne.

RÉGINE.

Quelle personne ?

NOHAN.

Le baron Missen.

RÉGINE, *interloquée.*

Vous avez dit que le baron Missen me faisait la cour ? *(Assentiment de Nohan.)* D'ailleurs, vous me l'aviez dit à moi-même. Vous n'avez pas prétendu, au moins, que je l'aie encouragé? *(Signe d'assentiment.)* Ah! cela n'est pas bien, c'est mal, c'est très mal, cela me fait beaucoup de peine!... Et à qui avez-vous dit cette méchanceté?

NOHAN.

Peu importe, puisque ensuite tout le monde l'a connue.

RÉGINE, *insistant.*

Je veux le savoir.

NOHAN.

C'était à Mme de Maudre.

RÉGINE, *se mordant les lèvres.*

Ah! je commence à m'expliquer ses airs, certaines de ses mines... Vous avez été bien léger, mon ami, bien inconsidéré! Mais tâchez de me faire oublier ceci, voulez-vous?

NOHAN.

J'irai jusqu'au bout, parce que je trouve en moi la force de l'homme qui donne à celle qu'il aime la plus grande et la plus horrible preuve d'amour qui se puisse imaginer. J'aurais pu ne rien vous dire et peut-être n'auriez-vous jamais rien su de cela. Et si vous aviez jamais appris quelque chose, j'aurais eu beau jeu à mentir, à nier, à bâillonner plus tard votre interrogation, d'un de ces baisers dont je me suis vu si près tout à l'heure et dans lesquels j'aurais pu préférer me taire à jamais!

RÉGINE, *palpitante.*

Que voulez-vous ajouter encore?

NOHAN.

J'ai dit que le baron Missen était votre amant!

RÉGINE, *n'ayant pas d'abord l'air de comprendre ce qu'elle entend.*

Mon... oh!

NOHAN, *hors de lui.*

Voilà ce dont j'ai été capable! *(Se frappant la poitrine et s'agenouillant.)* Et ce dont je vous demande pardon à genoux!

RÉGINE, *découvrant ses yeux sans paraître l'apercevoir.*

Comment? Moi? je riais au milieu de ces femmes, de ces hommes, de tous ces gens! J'étais gaie, affectueuse, confiante... Je ne savais pas! Et tout ce que je faisais d'innocent, de joyeux, de naturel, était interprété sans doute, tourné en moqueries honteuses!

NOHAN, *balbutiant.*

Régine, ne me voyez-vous pas? Voulez-vous que je me tue?

RÉGINE, *se levant et avec une violence croissante.*

Moi qui avais dans celui-ci une foi presque impie, tant je l'associais à ma foi chrétienne!... Et c'est sous les pieds de cette méchante Mme de Maudre que vous avez ainsi jeté mon honneur! Pourquoi, au fait? Comment cela?

Vous étiez donc ensemble en bien grande familiarité?... Non, ne me répondez pas, je vous défends de rien me dire de plus. Une femme!... cette femme!... s'est amusée de moi avec lui! Ah! vous ne m'aimez pas, puisqu'il y a eu un moment où vous ne m'aimiez pas du tout, où sans doute vous en aimiez une autre? Et, à la minute, je rêvais de quel impossible bonheur je pourrais récompenser le bonheur que vous me donniez. Et maintenant ce que je souffre est infernal. Mon Dieu! quelle souffrance pourrais-je lui rendre?

NOHAN.

Régine!...

RÉGINE.

Mais vous, au moins, lorsque vous me salissiez de votre calomnie, étiez-vous convaincu qu'elle fût vraie? Soutenez donc que vous y croyiez, ce sera votre excuse!

NOHAN.

Régine! ma chère Régine de tout à l'heure, je vous vénère dans le passé. Je vous implore et je vous adore.

RÉGINE, *sardoniquement.*

Ah! vraiment, vous décidiez ainsi de moi, sans plus de conviction, rien que pour faire de l'esprit? Eh bien, vous auriez mieux fait d'avoir plus de confiance dans votre découverte, car vous aviez deviné juste. Et c'est bien le moins aujourd'hui que je vous en félicite. Quoi! vous ne me croyez pas? Mon affirmation ne vous suffit pas? Quelle preuve donc vous faudrait-il?

SCÈNE VII

Les Mêmes, LE BARON MISSEN.

RÉGINE.

Ah! vous voici, monsieur! Arrivez, venez vite confirmer l'opinion du marquis de Nohan, que vous êtes pour moi... Que vous êtes... Ah! il y a là un mot que j'ai, tout de même, du mal à prononcer.

MISSEN.

Mademoiselle!

RÉGINE.

N'ayez pas de scrupule, puisque c'est lui, vous dis-je, qui s'est porté garant de cela! Je vous en prie, mon bon ami, certifiez à monsieur que vous êtes bien, à mon égard, tout ce qu'il vous était possible d'être de plus... de mieux... pour une malheureuse fille! Comment, vous hésitez? Pourtant je vous fais l'occasion belle pour vous débarrasser d'un prétendu rival; en rendant la situation aussi franche, *(d'une voix défaillante)* je pense que les empressements de M. de Nohan, dont vous vous plaigniez auprès de moi, vont prendre fin. Mais, allez donc! Parlez.

MISSEN *et* NOHAN, *en même temps.*

Mademoiselle!...

RÉGINE.

Si, si, parlez, monsieur, parlez! Racontez-lui tout ce qui pourrait bannir les derniers doutes de son esprit... Dites-lui bien nos secrets... arrangez... inventez... Et puissiez-vous me faire quitte envers lui! *(Elle s'enfuit dans son appartement.)*

SCÈNE VIII

NOHAN, MISSEN.

MISSEN, *avec impertinence.*

Je n'ai pas qualité officielle pour prendre la défense de Mlle de Vesles, surtout dans une affaire où tant de points me restent encore obscurs. Mais, parmi ce qu'elle a formulé de clair, j'ai distingué que vous aviez bien librement disposé de mon individu pour en troubler sa vie, et que vous aviez fait de mon nom un usage téméraire, puisque je n'en avais autorisé personne, *(faisant un pas vers Nohan)* ni particulièrement vous, monsieur.

NOHAN, *violemment.*

Si vous n'aviez pris les devants, j'allais vous proposer, monsieur, la réparation que je vous dois.

MISSEN.

Alors, puisque nous sommes d'accord, nous pouvons nous séparer.

NOHAN, *montrant la porte.*

Et nous retirer!

MISSEN.

Passez, monsieur!

NOHAN.

Passez! Quand ce ne serait, enfin, que pour ne plus vous donner l'air d'être ici chez vous.

ACTE III

Un coin du bois de Boulogne, derrière le champ de courses. Sur un côté du décor, un pavillon de garde. De l'autre côté, une charmille.

SCÈNE PREMIÈRE

LIGUEIL, NOHAN.

Au lever du rideau, Nohan est assis dans un fauteuil, devant le pavillon, pâle, gravement blessé. Auprès de lui, une table avec un verre d'eau et des fioles.

LIGUEIL.

Tu ne sens pas de frissons ?... Je sais bien qu'il fait chaud ici, et meilleur air que dans la chambre du garde.

Mais ce n'est peut-être pas très raisonnable, tout de même, d'avoir voulu être installé ici, dehors.

NOHAN.

J'ai soif... Qu'est-ce que l'on me permet de boire ?

LIGUEIL, *avec empressement.*

Ce que tu voudras...

NOHAN.

Ah !... Déjà ?... Je me berçais de la pensée qu'on ferait durer un peu plus le temps de me ménager.

LIGUEIL, *confus.*

Tu veux rire !... Il faut bien que tu commences par désigner ce que tu veux... Et puis, là-dessus, on examine si c'est bon pour ton état, si ça ne va pas retarder ta guérison...

NOHAN.

Je voudrais de l'eau sucrée.

LIGUEIL, *affectant d'être perplexe.*

Heu ! Heu ! Enfin, ça ne peut pas être bien imprudent.

NOHAN.

Je ne demande cependant qu'à vivre huit jours encore, *(résolument)* rien que huit jours.

LIGUEIL, *préparant le verre d'eau sucrée.*

En dis-tu, des inepties ! *(D'un ton malgré lui faux.)* Mais, dans huit jours, je t'emmène au Grand Prix. *(Indiquant une direction du décor.)* Tu vois bien, dans cette tribune, là-bas... Nous n'aurons que deux pas à franchir. *(Sur un geste d'impatience de Nohan.)* Oh! ne te fâche pas! Mais, vraiment, je ne peux avoir la complaisance de dire comme toi, ni de chercher à te faire du bien en te répondant les choses désespérées... qui ne font que du mal.

NOHAN.

Le procureur de la République a bien assuré, n'est-ce pas, que, vu l'urgence, il accorderait une dispense de la seconde publication?

LIGUEIL.

J'ai un rendez-vous avec lui, cet après-midi, pour en remporter sa signature.

NOHAN.

Mais le délai de la publication légale unique exigerait encore une semaine! *(Signe affirmatif de Ligueil.)* Que c'est long ces formalités!... Il y a pourtant des moments où l'on ne peut guère attendre!... As-tu bien exprimé à Mlle de Vesles, dans ta lettre d'hier, que je m'étais battu par... fatalité, et non point par dépit stupide, ni par jalousie ridicule, ni surtout par sa faute?

LIGUEIL.

Oui, oui, sois tranquille.

NOHAN.

Lui as-tu bien fait comprendre avec quelle émotion,

avec quelle angoisse, j'implorais d'elle la faveur d'un entretien? As-tu été très touchant?... Tu aurais dû garder un brouillon de ta lettre! Mais ne pourrais-tu te rappeler ce que tu lui as écrit? Tâche de me répéter tout, exactement.

LIGUEIL, *évasivement.*

A quoi bon? *(Nohan a une quinte de toux.)* Tiens! tu vois! Ces questions... sur ce sujet énervant... Tu te surmènes inutilement.

NOHAN.

Ne me contrarie pas. C'est cela qui me ferait le plus de mal.

LIGUEIL, *se résignant.*

Eh bien, ça commençait à peu près comme ça: « Ma chère Régine, le marquis de Nohan s'est battu en duel, il y a quarante-huit heures... L'issue de la rencontre a été très... *(se reprenant)* n'a pas été très bonne pour mon ami. Il a reçu, à la base de la gorge, un coup d'épée qui est... *(mesurant ses expressions)* qui, sans être... qui n'est pas tout à fait aussi excellent... » Enfin, c'était mieux rédigé, tu saisis le sens?

NOHAN.

Le tout, c'est que tu l'aies bien convaincue d'avoir à se dépêcher.

LIGUEIL, *pesant les mots.*

J'ajoutais que, malgré ton état, — qui d'ailleurs n'est

pas déjà si mauvais, — tu avais le courage... c'est-à-dire la manie insupportable... de te considérer comme perdu et, pourtant, de ne t'inquiéter que d'avoir le temps, vis-à-vis d'elle... Bref! je l'avertissais que tu avais une communication immédiate à lui faire.

NOHAN.

Est-ce qu'elle n'aurait pas eu le temps de répondre déjà ?

LIGUEIL.

Régine ne répondra pas; et elle n'avait pas à répondre.

NOHAN.

Que veux-tu dire?

LIGUEIL.

Tu vas la voir bientôt arriver.

NOHAN.

Qui te permet de me faire espérer cela?

LIGUEIL.

Parce que, d'elle-même, elle n'a cessé de vouloir venir depuis que tu es blessé. Ma femme et moi nous avons été en continuel échange de courriers à ce sujet; nous avons fait l'impossible pour la contenir.

NOHAN.

Et tu ne m'en avais rien appris!

LIGUEIL.

Tu ne m'avais pas encore interrogé sur elle... Devais-je t'en parler le premier... augmenter ta fièvre... brûler moi-même ton sang?

NOHAN.

Dis-moi encore, en ton âme et conscience : si elle veut bien s'associer à mon projet suprême, estimes-tu alors que, malgré le nouveau scandale de ce duel, la justification de Mlle de Vesles apparaîtra complète aux yeux du monde?

LIGUEIL, *bourru dans sa bonté.*

L'opinion... L'opinion de l'opinion! Tiens, je commence à en avoir assez! On a dit, on dit, on dira... Qui ça, On? Ce n'est jamais tout le monde; c'est même rarement deux interlocuteurs : ils se contredisent. C'est à peine soi... quand On, Monsieur On, est tout seul à se raconter des histoires... Sacrifier à l'opinion, vouloir la prédire, tâcher de la définir! Et comment cela? Elle prend le bien pour le mal, le mal pour le bien et souvent encore le mal pour le mal, et quelquefois aussi le bien pour le bien... Et voilà pourquoi cette fille n'est pas muette.

NOHAN, *gravement.*

Non! L'opinion que nous inspirons flotte autour de nous et nous revient dans l'air que nous respirons. Ne te rappelles-tu pas, dans nos souvenirs de voyage, cette impression que nous avons eue, à la grotte du Pausilippe? Malgré soi, on dégustait son haleine, on s'écoutait respirer. Pourquoi ?... Tout simplement parce que, là, nous connaissions la proximité d'un poison ambiant... Et c'est ainsi que moi, cette opinion dont je suis enveloppé, pour ce qui me reste encore de souffle, je la sais empoisonnée, je ne puis plus me défendre de la sentir délétère, mortelle.

SCÈNE II

LES MÊMES, LE DOCTEUR.

LIGUEIL.

Enfin, docteur, vous voici ! Le chirurgien ne vous a pas accompagné ?

LE DOCTEUR.

Il arrivera tout à l'heure. Il a tenu à faire immédiatement l'amputation d'une jambe, dont on est venu lui parler au moment où je passais le prendre... Ah ! il a aussi une fluxion... *(faisant une indication sur sa joue)* comme ça ! Voilà six mois qu'il recule à se faire arracher un petit bout de racine. Il est sensible comme une jeune miss. *(A Nohan.)* Eh bien ! comment allons-nous, ce matin ?

NOHAN.

Je vous attendais pour le savoir.

LE DOCTEUR, *lui tâtant le pouls.*

Vous avez moins de fièvre. *(Regardant autour de lui.)* Où est donc notre jeune interne ?

LIGUEIL.

Il a, paraît-il, découvert une canne à pêche. Et, comme c'est un garçon qui ne peut pas rester un instant sans se rendre utile... Voulez-vous que je l'envoie chercher sur les bords de la Seine ?

LE DOCTEUR.

Bah ! Je n'ai pas besoin de lui pour faire l'examen de la plaie. Mais pas dehors, pas à l'air, pas à la poussière. *(Montrant Nohan.)* Comment est-il parvenu ici ?

LIGUEIL.

Appuyé sur mon ordonnance, qui est un gars solide.

LE DOCTEUR.

Bon ! Faites-le maintenant ramener dans la maison.

LIGUEIL, *appelant.*

Bernard ! *(Celui-ci accourt. Nohan, qui s'est soulevé péniblement, se dirige lentement vers la maison avec l'aide de l'homme.)* Pauvre ami ! lui si fort, si jeune, il n'y a pas encore trois jours !

LE DOCTEUR, *regardant Nohan marcher et disparaître.*

Mesurez bien vos forces... Allez doucement... *(A Ligueil.)* Il marche tout de même avec plus de fermeté que je ne l'aurais cru, après une pareille perte de sang.

SCÈNE III

LIGUEIL, LE DOCTEUR, *puis* L'ORDONNANCE.

LIGUEIL, *avec empressement.*

Et maintenant, docteur, de vous à moi, comment vous paraît-il, ce matin ? Puisqu'il n'est point mort dans les deux jours, contrairement à vos premières prévisions, croyez-vous alors qu'une guérison devienne possible ?

LE DOCTEUR.

C'est toujours bon signe de n'être pas mort.

LIGUEIL.

Après que le chirurgien a eu fait la ligature de la carotide, il m'a déclaré que cette opération réussissait une fois sur dix, et que, justement, il en avait manqué neuf.

LE DOCTEUR.

C'était une façon de vous donner bon courage.

LIGUEIL.

Enfin, quand saurez-vous si vous pouvez sauver Nohan ?

LE DOCTEUR.

Peut-être tout de suite. Si je constate que la circulation n'est plus rétive, qu'elle se décide à se rétablir avec une régularité suffisante... Au surplus, je vous répète que, au premier aspect, mon impression d'aujourd'hui est devenue moins mauvaise.

LIGUEIL.

C'est que, pour l'instant, il est animé, voyez-vous, d'une telle volonté de vivre!...

LE DOCTEUR.

Ah! dame! quand un malade ne veut pas mourir... la science perd ses droits!

L'ORDONNANCE, *sortant de la maison.*

M. le marquis est prêt. *(L'ordonnance vient enlever la table.)*

LIGUEIL, *au docteur.*

Avant de le rejoindre, permettez-moi de vous faire une recommandation qui va vous sembler singulière... Si l'inspection à laquelle vous allez procéder pouvait confirmer l'espoir que vos paroles laissent renaître en moi, je vous adjure de n'en rien dire devant le blessé, de n'en rien faire paraître.

LE DOCTEUR.

Soit! Mais pourquoi?

LIGUEIL.

Cela lui ferait probablement beaucoup de mal.

LE DOCTEUR.

Par excès de joie?

LIGUEIL.

Non, au contraire.

LE DOCTEUR.

Comment? Un homme — et c'est d'ailleurs bien son droit! — qui a si peur de la mort?

LIGUEIL.

Il n'en a pas peur. Il redoute seulement de mourir avant d'avoir mené à bien... une affaire... qui exige quelques jours de répit.

LE DOCTEUR.

Eh bien! s'il ne meurt pas du tout, il mourra encore moins d'ici à quelques jours.

LIGUEIL.

Oui, mais, étant données la nature de sa combinaison et l'âme avec laquelle il l'envisage, je devine, je sens, je sais que Nohan tient à mourir... ensuite... tout de suite après l'acte projeté, si c'est possible... pour la validité de cet acte. Et il y tient, j'en suis sûr, avec une ardeur qui doit tuer, si la ténacité dont vous le voyez s'accrocher momentanément à l'existence est capable aussi de prolonger celle-ci.

LE DOCTEUR.

C'est convenu!

LIGUEIL.

Par conséquent, s'il y avait lieu de prévenir le malade qu'il doit s'apprêter... à vivre, je me chargerais de la communication, et d'en choisir le moment favorable.

Ils entrent dans la maison.

SCÈNE IV

L'ORDONNANCE, LA COMTESSE, RÉGINE.

LA COMTESSE.

Du calme, petite, du calme! *(A l'ordonnance qui est revenu pour remporter le fauteuil.)* M. de Ligueil est-il là?

L'ORDONNANCE.

Mon commandant assiste M. le docteur qui est en train de faire le pansement.

RÉGINE, *tordant ses mains.*

Oh!

LA COMTESSE.

Vous m'avez promis d'être courageuse... C'est du repos moral, de la détente qu'il faut que votre visite apporte ici, du bien, du mieux! *(A l'ordonnance.)* Dès que vous pourrez parler à M. de Ligueil, vous le préviendrez que je suis ici avec Mlle de Vesles.

L'ORDONNANCE.

Bien, madame. *(L'ordonnance se retire.)*

SCÈNE V

LA COMTESSE, RÉGINE.

LA COMTESSE.

Attendons!

RÉGINE, *tressaillant.*

Écoutez! Est-ce que vous n'avez pas entendu crier?

LA COMTESSE, *prêtant l'oreille.*

Non! je n'entends rien!

RÉGINE.

Et avoir comme un bourdonnement à mes oreilles me répétant sans trêve que tout ce qui s'accomplit de sinistre là dedans, à deux pas de nous, c'est moi, moi, qui en suis cause!

LA COMTESSE.

Pauvre petite! vous la plus innocente, ne vous accusez pas, si vous ne voulez pas avoir aussi un autre, et tant d'autres à bien plus accuser!

RÉGINE, *tressaillant de nouveau.*

Oh! cette fois, je ne me suis pas trompée. Une plainte, une atroce plainte!... Ma bonne amie, je vous en prie, allez voir! Moi, je n'ose pas... Allez empêcher qu'on lui fasse encore du mal.

LA COMTESSE.

Je vais tâcher de me montrer à mon mari. Mais vous, rattrapez un peu votre tête, pendant ce temps... et séchez vos yeux. Vous avez une mine!...

SCÈNE VI

RÉGINE, *seule.*

Et pourtant, si on le fait tant souffrir, ce serait donc qu'on ne désespérerait point de lui... Oh! comme je voudrais la prendre pour moi, sa souffrance, et en être tant déchirée à mon tour, qu'ainsi je sente immensément, délicieusement, tout ce dont je l'aurais soulagé! *(Joignant les mains.)* Mon Dieu! sauvez-le et faites de moi ce que vous voudrez!... Ce que vous voudrez, Seigneur... *(avec timidité)* dont lui, cependant, puisse être heureux?

SCÈNE VII

RÉGINE, LE BARON MISSEN, L'ORDONNANCE.

MISSEN, *à l'ordonnance, sans voir Régine.*

Veuillez faire passer ma carte au comte de Ligueil, et lui dire que j'ai tenu à venir, moi-même, prendre des nouvelles. *(L'ordonnance rentre dans la maison du garde.)*

SCÈNE VIII

RÉGINE, MISSEN.

MISSEN.

Vous, mademoiselle!... Je ne m'attendais pas à vous

rencontrer en ce lieu. *(Il s'est avancé en tendant sa main à Régine.)*

RÉGINE, *sans lui donner la main.*

Je suis encore plus étonnée de vous y voir.

MISSEN, *surpris et froissé.*

En vérité, vous me traitez comme si j'avais manqué à quelque devoir de galant homme ! Il me semble n'avoir fait que suivre une ligne de conduite que vous m'aviez vous-même tracée !

RÉGINE.

Oh ! non, ne dites pas cela ! C'est trop affreux de dire que c'est moi...

MISSEN.

Pourtant...

RÉGINE.

Ah ! il ne me manquait plus que de m'entendre faire par vous ce reproche ! Et je m'en déteste tant que je ne puis m'empêcher de vous en détester aussi. *(S'efforçant de se modérer.)* Peut-être trop... Mais, du reste, n'étiez-vous pas satisfait de votre œuvre ? Que venez-vous chercher de plus ici ?

MISSEN.

J'obéis à une règle de courtoisie, que la gravité de l'état où je sais M. le marquis de Nohan me commandait de suivre jusqu'à la dernière limite. Je devais cette démarche personnelle à un sentiment des convenances que tout le monde approuvera.

RÉGINE.

Le sentiment des convenances! Je me demande si je rêve! Et il y a, dites-vous, dans le monde, des gens qui vous approuvent, qui approuvent qu'on soit celui par qui un pauvre autre est là, qui se meurt, peut-être!... *(S'exaltant.)* Oui, je sais, c'est le code de l'honneur : on commence par avoir le droit de se jeter sur son adversaire comme une bête féroce; et puis on se lave les mains du sang qu'on vient de répandre, et l'air affable, très innocent, on accourt aux nouvelles avec une curiosité compatissante!

MISSEN.

Permettez...

RÉGINE, *hors d'elle.*

Non, je préfère les assassins, les autres assassins, qui ne sont pas corrects, qui ne sont pas convenables, mais à qui leur conscience révèle au moins que ce qu'ils ont accompli n'est pas... comme il faut!

MISSEN, *sèchement.*

Je me bornerai à vous faire remarquer que le duel met habituellement en présence, non pas un tigre et un agneau, mais deux tigres, ne vous déplaise... Et je vous certifie que la passion homicide n'a jamais pu lancer d'expression plus claire, de lueur plus vive, que dans ce regard dont j'ai été menacé sur le terrain pendant un temps très court... mais très long... Si ç'avait été M. le marquis de Nohan qui fût revenu sain et sauf?...

RÉGINE, *extasiée à cette idée.*

Oh!

MISSEN.

S'il m'eût tué? *(Régine baisse les yeux.)* Serait-il donc un assassin?

RÉGINE, *les yeux baissés et à mi-voix.*

Je l'aime.

MISSEN, *doucement.*

Vous vouliez bien ma mort, à moi, qui pouvais avoir, qui devais avoir la légitime fierté de me croire le champion de votre honneur?...

RÉGINE, *avec force.*

Je l'aime!

MISSEN.

Lui qui n'était le champion que de l'offense qu'il vous avait faite?

RÉGINE, *passionnément.*

Je l'aime! Je l'aime!

MISSEN, *avec philosophie et compassion.*

Adieu, mademoiselle de Vesles.

RÉGINE.

Adieu ! Oui... c'est cela, partez !

Missen se retire.

SCÈNE IX

RÉGINE, *puis* NOHAN *et* LIGUEIL.

RÉGINE, *passant la main sur son front.*

Je ne connais plus rien ni personne !... *(Posant la main sur son cœur.)* Je ne suis plus qu'un cœur *(se tournant vers la maison)* tout à lui ! *(A ce moment Nohan paraît sur le seuil, aidé par Ligueil.)* Oh ! vous, c'est vous ! *(Elle s'élance vers Nohan.)* Parlez-moi vite ! que je vous entende être bien vivant ! *(elle soutient Nohan)* d'une vie que je prends.

LIGUEIL, *montrant la charmille.*

Conduisons-le là-bas. *(Ils s'y rendent avec quelques haltes.)*

RÉGINE.

Il y a des moments, figurez-vous, où je m'imaginais que l'on me cachait la vérité... J'étais toujours près de croire... au malheur ! Se forge-t-on des idées insensées quand on est au loin !... A présent, me voici bien, bien contente.

Répondez-moi quelque chose. *(Nohan fait signe qu'il ne peut parler.)* Au moins, faites-moi comprendre que vous commencez à être un peu guéri?

LIGUEIL, *à Régine, après que Nohan est installé.*

Je vous le confie. C'est en un mot tout vous exprimer... A bientôt... *(Il se retire.)*

SCÈNE X

RÉGINE, NOHAN.

NOHAN.

J'ai tenu à ce qu'on me laissât seul avec vous. Je n'ai pourtant rien à vous dire que je ne veuille faire savoir à tout l'univers. Mais la présence d'autres personnes eût placé comme des bornes dans l'infini qui se répand autour de moi, rien que parce que vous êtes ici...

RÉGINE.

J'éprouve cela de même, près de vous.

NOHAN.

J'ai une demande à vous adresser.

RÉGINE.

Demandez.

NOHAN.

Le destin, en me frappant avec rigueur, semble avoir du moins conduit les événements de la seule façon qui rendît possible la réparation de mon tort envers vous.

RÉGINE.

Oh! de quoi vous occupez-vous encore là! Et ne serait-ce pas plutôt à moi d'obtenir le pardon!...

NOHAN.

Cette réparation peut prendre aujourd'hui un caractère d'exceptionnelle plénitude et la plus irréprochable valeur... Je ne puis, hélas! songer à vous offrir ma vie, puisque je n'en suis plus le maître... Mais pour quelque temps peut-être mon nom est encore à moi. Voulez-vous accepter de devenir marquise de Nohan?

RÉGINE.

Oui.

NOHAN.

Ce sera par un de ces actes hâtifs qu'on appelle mariage in-extremis.

RÉGINE.

Vous parlez pour me rendre folle! Ou bien je suis folle

déjà, et je m'égare sur le sens de vos paroles qui ne peuvent pas vouloir signifier... cela ?

NOHAN.

Laissez-moi achever, je vous en conjure! Vous me ferez donc l'honneur de porter mon nom pendant le temps légal. Et quand on vous verra en deuil... en deuil de moi, votre vue, j'espère, n'éveillera que des idées de respect plus grand que le respect ordinaire. Ensuite, vous serez libre!

RÉGINE, *en pleurs.*

Me faites-vous assez souffrir! Encore!... On peut donc toujours de plus en plus souffrir ?...

NOHAN.

Pardon! les moments pressent. Vous m'autorisez donc à charger Ligueil de remplir les formalités ?...

RÉGINE, *essuyant ses yeux.*

Non! non! Vous ne ferez plus que j'admette la possibilité de vous perdre... Oh! j'ai atteint, à présent, le bout de la peine! Et puisque je suis à votre côté, que je vous entends... *(elle lui prend la main)* que je vous tiens... Oh! je vous garderai.

NOHAN.

Ma chère, ma bien chère, ne vous méprenez point. Ce qui me permet de vouloir vous nommer un instant ma femme, c'est ma certitude de n'y pas survivre... Et de cela, je suis sûr *(à part, résolument)* et, au besoin, certain... *(A Régine.)* Le mariage d'un mourant n'est jamais qu'un acte de pur hommage. Et personne ainsi ne pourra diminuer le caractère du nôtre, sous prétexte d'un entraînement ou d'un calcul de ma part, toute belle et riche que vous soyez.

RÉGINE.

Je dois être bien laide, à force de pleurer! Et depuis hier, j'ai signé la renonciation à la fortune qui m'était échue.

NOHAN, *avec une vive émotion.*

Est-il possible? Régine! mon Dieu! Comment avez-vous fait cela ?

RÉGINE.

Je ne voulais reparaître devant vous que redevenue celle dont vous n'aviez reçu aucune douleur. Et... si j'avais été condamnée à ne jamais vous revoir... j'étais ainsi prête, mon cœur mort, ma vie finie, mes mains vides, à prononcer les vœux de pauvreté et de retraite éternelle.

NOHAN, *très ému.*

Oh! vous n'auriez pas dû!... Et pourquoi me l'avoir appris? Ce n'était point trop de toutes les raisons que je me donnais... pour être raisonnable... Vous m'ôtez une force, vous me remplissez de tendresse... J'ai une joie en moi! Je ne sais plus où j'en suis... Maintenant je voudrais... *(Avec une reprise d'énergie.)* Et pourtant, je veux toujours! *(Avec désespoir.)* Il le faudra bien que je le veuille encore!

RÉGINE.

Vous m'appartenez, et vous serez sauvé pour moi. Ne doutez plus, ayez foi dans la prescience que l'amour donne à mes yeux. Les regards qui aiment comme les miens sont de vrais voyants... Méchant! Ce n'est donc pas meilleur de croire ce que je dis, que de croire ce que vous dites? Ce n'est donc pas plus juste, plus pieux, *(elle approche son front des lèvres de Nohan)* plus aimant? *(En recevant le baiser, elle aperçoit Ligueil.)* Oh!

SCÈNE XI

Les Mêmes, LIGUEIL.

LIGUEIL, *guilleret.*

Ah! Régine, je vous engage tout de suite auprès de notre malade, comme garde... *(avec un sourire moqueur)* laïque.

RÉGINE.

Pourquoi avez-vous l'air si gai? Vous vous retenez de

rire; et malgré vous, cependant, vous riez... Tenez, vous riez! vous riez!

LIGUEIL, *redevenant circonspect.*

J'ai le contentement de vous avoir trouvés en belle harmonie... assez en accord...

RÉGINE, *modestement.*

En accordailles.

NOHAN.

Ah! si tu savais la preuve d'abnégation... et d'amour, la minute d'émotion immense, qu'elle vient de me donner!... Je voudrais un avenir sans fin pour tâcher de lui rendre cela!

LIGUEIL.

Bah! *(A Régine.)* Petite amie, votre charme a donc opéré? *(A Nohan.)* Ainsi, tu te résignerais à l'existence? *(A Régine.)* Annoncez donc à votre fiancé que désormais son médecin nous répond de lui...

NOHAN, *dans une explosion de larmes.*

Régine! et toi, mon bon Ligueil! pardon! C'est honteux... c'est lâche... et c'est bon!

RÉGINE, *palpitante de joie.*

Vite, expliquez-moi pourquoi il ne peut plus mourir! Il y a un instant, n'écoutant que mon instinct, j'avais une superstition qui me faisait être aveuglément confiante; et, à présent que je devrais m'en reposer sur des raisons, sur ma raison, j'ai la tête qui tourne... et je ne vais plus savoir comprendre ce que j'avais su deviner...

LIGUEIL.

Diable ! je professe médiocrement... Tout ce que j'ai retenu, c'est qu'un engorgement s'est dissipé *(indiquant un côté de son cou)* par ici, sans amener d'hémorragie *(indiquant l'autre côté)* par là... *(Cherchant ses mots.)* Flux artériel... anastomoses... Bref, Dubois du Cher le considère comme tiré d'affaire.

RÉGINE.

Et le docteur Dubois du Cher, c'est un savant, n'est-ce pas? un grand savant?

LIGUEIL.

Il en conviendrait lui-même.

RÉGINE.

Mais un honnête savant? Incapable de tromper... et de se tromper...?

LIGUEIL.

Il fait de la médecine comme un magistrat endurci fait de la justice... Dans le doute, il condamne toujours.

RÉGINE, *à Nohan.*

Cher bien-aimé ! Maintenant je reviens à vous, je suis toute à vous.

LIGUEIL.

Seulement, je vous en préviens, notre ami est encore très fragile. Toute nouvelle émotion ne pourrait lui être que mauvaise, puisqu'il vient d'avoir les meilleures. Ménagez-le bien. *(A Nohan.)* Moi, je vais rédiger quelques dépêches pour de braves gens que ta santé intéresse. *(Revenant.)* Ainsi, Régine, le cas échéant, remettez à plus tard la première querelle conjugale. Le docteur interdit tout sujet d'agacement, d'oppression, qui pourrait contrarier le jeu de ce pauvre cœur tant éprouvé. *(Il se retire.)*

SCÈNE XII

RÉGINE.

Alors, monsieur, vous ne trouvez pas que ce soit devenu trop d'être tout à moi depuis qu'on vous a révélé combien plus, combien toujours, vous allez devoir l'être?

NOHAN, *croisant ses mains avec celles de Régine.*

Voyez comme de mes dix doigts me voici rattaché à la vie! Et ne sentez-vous pas ce qu'il y a d'inséparable dans la ferveur de mains ainsi jointes?

RÉGINE.

M'accorderiez-vous donc la première chose dont je voudrais vous prier, en cet état?

NOHAN.

Certes !

RÉGINE.

Eh bien, promettons-nous que dorénavant nos plus vieux souvenirs dateront de l'instant béni où nous sommes, qu'aucune de nos pensées ne remontera jamais en arrière d'aujourd'hui, vers un passé qui s'efface... dont il ne subsiste plus rien... Est-ce juré ?

NOHAN.

C'est juré.

SCÈNE XIII

RÉGINE *et* NOHAN, *cachés aux arrivants par la charmille;* MADAME DE SABÈCOURT, MADAME DE MAUDRE *entrent par la droite;* HERMANN, SAINT-CHEF, *ces deux derniers en tenue de cheval, surviennent par la gauche.*

SAINT-CHEF.

Ah ! ensemble ! Et encore, nous vous avons attendues pendant une demi-heure au Pré-Catelan.

MADAME DE SABÉCOURT, *désignant Mme de Maudre.*

C'est la migraine de cette amie qui nous a mises en retard.

HERMANN, *à Mme de Maudre.*

En effet, madame, vous êtes bien pâle.

MADAME DE MAUDRE, *respirant un flacon de sels.*

Cela va se passer...

NOHAN, *à part.*

Cette voix...

MADAME DE MAUDRE.

Mais j'ai failli ne pas avoir le courage de sortir.

RÉGINE, *après avoir regardé à travers le feuillage et bas à Nohan en se serrant contre lui.*

Mme de Maudre!... Je ne veux pas qu'elle me voie... ni tous ces gens-là!... Cachez-moi... Je ne veux pas les voir.

MADAME DE SABÉCOURT.

Est-ce bien ici, d'abord? Mon petit Hermann, renseignez-vous, demandez s'il y a un registre pour s'inscrire, et rapportez-nous des nouvelles. *(Hermann va vers la maison, sur le seuil de laquelle il parlemente avec l'ordonnance Bernard qui sortait, porteur de textes de télégrammes.)*

SAINT-CHEF.

Celles que l'on avait reçues hier soir au club ne laissaient plus d'espoir.

Régine proteste, à part, dans un mouvement d'expression bienheureuse.

MADAME DE SABÉCOURT.

Quel dommage ! Il se plaisait tant chez moi ! *(A Mme de Maudre.)* Vous aussi, n'est-ce pas, vous l'aimiez bien ?

MADAME DE MAUDRE, *très émue.*

Je tenais beaucoup à lui... Et ce serait pour moi quelque chose d'horrible s'il s'en allait sans que j'aie pu obtenir... sans qu'il m'ait laissée lui serrer la main.

L'ORDONNANCE.

J'ai justement là une dépêche pour Mme de Sabécourt.

MADAME DE MAUDRE, *vivement.*

Et pour moi ?

HERMANN.

Donnez, donnez donc ! *(Revenant avec les dépêches qu'il s'est fait prêter.)* Voici les bulletins que le commandant de Ligueil envoie au télégraphe. *(Lisant tout haut une des feuilles, tandis que Mme de Maudre tressaille à la lecture d'une autre qu'elle a saisie.)* « Secrétaire Riding-Club, avenue Gabriel, Paris. Marquis de Nohan hors de danger. »

RÉGINE, *bas à Nohan.*

O mon ressuscité !

HERMANN, *un peu interloqué.*

Ah ! tant mieux ! vraiment, j'en suis enchanté.

MADAME DE SABÉCOURT.

Moi aussi... Mais nous sommes à une drôle d'époque, où l'on a la rage de tout exagérer.

SAINT-CHEF.

Le fait est que c'était moins grave qu'on ne l'avait cru.

MADAME DE MAUDRE, *ironiquement.*

Ou qu'on ne l'avait prétendu. Écoutez plutôt : ceci concerne le Procureur de la République, et savourez-en la signification : « Dispense pour mariage Nohan-Vesles, inutile, publications normales pouvant être faites ultérieurement. Excuses et remerciements. Ligueil. »

NOHAN, *à part.*

Ah ! cela, c'est impudent, c'est trop fort !

Hermann rend les télégrammes à l'ordonnance qui se retire.

MADAME DE MAUDRE, *furieuse.*

Avons-nous été assez naïfs !... Moi, j'ai été bien bête !...

On s'apitoie, on se tourmente, on se met martel en tête... Mais pouvait-on mieux s'y prendre pour préparer au futur couple l'auréole, l'espèce de poésie dont ils vont avoir tant besoin !

RÉGINE, *voulant intervenir, et dans une lutte contre Nohan.*

Laissez-moi, je vous en supplie... Laissez que je les chasse !

SAINT-CHEF, *insinuant.*

La veine qu'il a de s'en tirer, ne lui vient pourtant pas d'une mascotte...

RÉGINE, *à Nohan qui s'est levé et qu'elle s'efforce de contenir, tout en lui couvrant les oreilles de ses mains.*

Non, n'écoutez pas...

MADAME DE MAUDRE, *s'en allant en tête de la compagnie.*

Mais ne mérite-t-on pas encore mieux sa chance, quand on remplit les trois conditions du proverbe ?...

HERMANN.

Battu... content...

MADAME DE MAUDRE, *se retournant vers Hermann avec le plus méchant sourire.*

Et...

A cet instant elle aperçoit Nohan qui, échappé à Régine, se précipite vers le groupe, avec un cri et dans un effort dont il tombe mort.

RÉGINE, *affolée.*

Ah! au secours!

SCÈNE XIV

MADAME DE MAUDRE *défaille;* LIGUEIL, LA COMTESSE *et* LE DOCTEUR *accourent de la maison. La comtesse va à Régine, le docteur à Nohan.*

LIGUEIL, *éperdu.*

Qu'y a-t-il? Nohan! Nohan! Quoi donc? Régine! *(Celle-ci, privée de toute voix, montre le groupe des visiteurs, à qui Ligueil s'adresse.)* Que s'est-il donc passé?

MADAME DE SABÉCOURT, *fortement embarrassée.*

Quelques mots en l'air, à propos de leurs histoires... Nous ne les supposions pas à portée de nous entendre... Les paroles, vous savez, ça vole.

LIGUEIL, *étendant sa main vers le corps de Nohan.*

Non, les paroles restent !

LE DOCTEUR, *ayant fait sa constatation.*

Et elles tuent.

Long sanglot de Régine.

Achevé d'imprimer

le quinze avril mil huit cent quatre-vingt-treize

PAR

ALPHONSE LEMERRE

25, RUE DES GRANDS-AUGUSTINS, 25

A PARIS

I. 1913.

Paris. — Imp. A. LEMERRE, 25, rue des Grands-Augustins. — 4.-1913.

www.ingramcontent.com/pod-product-compliance
Ingram Content Group UK Ltd.
Pitfield, Milton Keynes, MK11 3LW, UK
UKHW021823190726
13853UKWH00003B/1150

9 782329 569178